예수님의 생애

영국의 대문호 **찰스 디킨스**가 들려주는
예수님 이야기

예수님의 생애

찰스 디킨스 지음 / 임은묵 옮김 / 진지영 그림

예찬사

옮긴이의 글

　영국의 대문호 찰스 디킨스의『예수님의 생애』(원제: The Life of Our Lord)를 번역하여 독자에게 선보이게 된 것은 나에게 깊은 감격과 남다른 의미를 선사하는 작업이었다. 그의 위대한 문학 작품들이 수 세기에 걸쳐 전 세계 독자들의 마음을 사로잡았듯이, 디킨스가 자기 자녀들을 위해 직접 쓴 이 특별한 이야기는 세월의 강물 속에서도 변치 않는 생명력을 지니고 있다. 나는 이 책을 옮기며, 그가 전하고자 했던 순수한 사랑과 진실한 마음이 글자 하나하나에 녹아 있음을 느꼈고, 그 감동을 독자와 함께 나누고자 한다.

　이 책을 펼치는 순간, 우리는 흔히 접하는 거창한 신학적 논의나 복잡한 교리의 숲이 아닌, 따뜻하고 친근한 이야기 속으로 들어선다. 디킨스는 예수 그리스도의 삶과 가르침을 가장 순수하고 이해하기 쉬운 언어로 풀어냈다. 마치 어린아이의 눈높이에서 가장 중요하고 본질적인 메시지만을 선별하여 전하듯이, 그는 예수님의 탄생부터 십자가 희생,

그리고 부활에 이르기까지의 여정을 마치 사랑하는 아버지가 자녀에게 들려주는 자장가처럼 부드럽게 엮었다. 그의 문체는 불필요한 장식을 덜어내고, 오직 예수님의 사랑, 자비, 용서, 그리고 인간에 대한 깊은 연민이라는 핵심 가치에 집중한다.

우리가 이 책을 읽는 것이 왜 그리 중요할까? 이 시대는 수많은 정보와 복잡한 사상으로 넘쳐난다. 때로는 진정으로 중요한 것이 무엇인지 혼란스럽고, 마음의 평화를 찾기 어려운 때도 있다. 이러한 때에, 디킨스의 이 책은 혼탁한 세상 속에서 우리 영혼을 맑게 비춰주는 한 줄기 빛과 같다. 그는 예수님의 삶을 통해 '선을 행하는 것이 기독교이며, 우리 이웃을 우리 자신처럼 사랑하고, 우리가 남에게 대접받고 싶은 대로 남을 대접하는 것이 기독교'라고 역설한다. 이러한 메시지는 시대를 초월하여 모든 인간이 추구해야 할 보편적인 가치이며, 혼란스러운 오늘날 더욱 절실하게 다가온다.

특히 이 책은 자라나는 어린이들에게 예수 그리스도의 참된 모습을 보여주는 훌륭한 길잡이가 되어왔다. 어린 마음은 순수하기에 복잡한 신학보다는 순수한 사랑과 선행의 이야기에 더 쉽게 감응한다. 디킨스의 이야기는 어린이들에게 예수님을 무서운 심판자가 아닌, 가장 따뜻하고 친절하며 약한 자들을 긍휼히 여기시는 분으로 만나게 해 준다. 이 책을 통해 형성된 긍정적인 예수님의 이미지는 아이들이 성장하여 성경을 읽고 기독교 신앙을 깊이 이해하는 데 중요한 첫걸음이 되어주었다. 수많은 이가 이 책을 통해 처음으로 예수님의 인류애와 헌신을 접하고, 그분의 가르침에 매료되어 결국 성경 속의 예수님께로, 그리고 깊은 신앙의 세계로 인도되었음을 상상해본다.

나는 이 책이 인간이 가져야 할 가장 고귀한 정신, 즉 사랑과 겸손, 용서의 가치를 배우는 인성 교육의 교과서가 되어왔다고 믿는다. 디킨스가 밝혔듯이, 그는 이 책을 통해 자녀들이 이 세상에서 가장 중요하고 선한 가르침을 마음에 새기고, 평화롭고 의롭게 살아가기를 바랐다.

나는 디킨스가 얼마나 예수님의 삶과 가르침을 깊이 존경하고 사랑했는지를 느낄 수 있었다. 그의 문장을 통해 예수님의 목소리가 들려오는 듯했고, 그분의 겸손하고 온유한 모습이 생생하게 그려지는 듯했다.

이 책은 종교적 배경이 없는 사람들에게는 예수 그리스

도라는 역사적 인물의 위대한 삶과 가르침을 통해 그분이 하나님의 아들이며 구세주이심을 알게 할 것이며, 신앙인들에게는 예수님의 본질적인 사랑을 다시금 깨닫게 하는 소중한 시간이 될 것이다.

  부디 이 번역본이 독자의 가정에 작은 빛이 되어, 아이들에게는 사랑과 선함의 씨앗을 심어주고, 어른들에게는 잠시 멈춰서 예수님의 평화로운 가르침을 되새기는 계기가 되기를 간절히 바란다. 찰스 디킨스의 마음이 담긴 이 책이 앞으로도 오랫동안 많은 이의 마음을 움직여, 성경의 예수님께로 인도하여 구원의 여정으로 들어가게 하는 귀한 역할을 계속해나가기를 소망한다.

모든 사람이 구세주 예수님을
만나기를 소망하며
임은묵

차례

옮긴이의 글   5

제1장 예수님의 탄생   11
제2장 물을 포도주로 변화시키시다   18
제3장 열두제자를 택하시다   27
제4장 안식일에 손 마른 사람을 고치시다   38
제5장 막달라 마리아의 회심   48
제6장 어린아이와 같지 아니하면   58
제7장 누가 네 이웃이냐?   69
제8장 죽은 나사로를 살리시다   84
제9장 최후의 만찬   92
제10장 예수님이 심문을 받으시다   102
제11장 예수님이 십자가에서 죽으시다   111

잠자리에 들기 전에 드리는 기도   135
구원자요 주님이신 예수님과의 만남   137
영접 기도   138
예수님은 누구신가? - 성구   141

제1장

●

예수님의 탄생

사랑하는 아이들아,

나는 너희가 예수 그리스도에 관한 이야기를 좀 알았으면 좋겠어. 왜냐하면 모든 사람이 그분에 대해 알아야 하거든. 예수님만큼 착하고, 친절하고, 온화한 사람은 없었고, 잘못을 저지르거나 아파서 고통스러워하는 사람들을 불쌍히 여긴 분은 아무도 없었단다.

그리고 그분은 지금 하늘나라에 계셔. 우리도 죽으면 그곳에 가서 모두 함께 만날 수 있기를 바라시지. 우린 그곳에서 영원히 행복하게 함께 지낼 거야. 그분이 누구였고 무엇을 하셨는지 알지 못하면, 하늘나라가 얼마나 좋은 곳인지 절대 상상할 수 없을 거야.

예수님의 아버지와 어머니는 나사렛이라는 마을에 살았

지만, 예수님은 2천여 년 전 베들레헴이라는 곳에서 태어났단다.

그들은 그때 베들레헴으로 호적하려고 여행해야 했었는데, 아버지 이름은 요셉이었고, 어머니 이름은 마리아였어. 베들레헴에는 일 때문에 온 사람들로 몹시 붐벼서, 여관이나 다른 어떤 집에도 요셉과 마리아가 머무를 방이 없었어.

오늘 구주이신 주 그리스도가 다윗의 동네에서 태어나셨다. (누가복음 2장 11절)

그래서 그들은 마구간에 가서 머물렀고, 바로 이 마구간에서 예수 그리스도가 태어나셨단다. 그곳에는 요람 같은 것은 없었어. 그래서 마리아는 그 예쁜 아기를 구유에 눕혔어. 구유는 말들이 밥을 먹는 곳인데, 그곳에서 아기는 잠이 들었단다.

아기가 잠든 동안, 들판에서 양을 지키던 목자들이 빛나고 아름다운 하나님의 천사가 풀밭을 가로질러 그들 쪽으로 오는 것을 보았어. 처음에 목자들은 무서워서 쓰러져 얼

굴을 가렸어. 하지만 천사가 말했지.

"오늘 바로 이 근처 베들레헴이라는 성에 아기가 태어났다. 이 아기는 자라서 모든 사람의 죄를 없게 해 줄 것이다. 그래서 하나님은 자기의 아들인 이 아기를 사랑하실 것이고, 이 아기는 사람들에게 서로 사랑하고 싸우거나 해치지 않도록 가르치실 것이다. 그리고 이 아기의 이름은 예수 그리스도가 될 것이다. 사람들은 하나님이 그를 사랑하시고, 자신들도 그를 사랑해야 한다는 것을 알게 되어, 그 이름으로 기도할 것이다."

그러고 나서 천사는 목동들에게 그 마구간으로 가서 구유에 누워 있는 아기를 보라고 말했어. 목동들은 천사의 말대로 가서 잠들어 있는 아기 옆에 무릎을 꿇고 "하나님이 이 아기를 축복하옵소서!"라고 말했단다.

자, 영국에서 런던이 가장 큰 도시인 것처럼 그 나라에서 가장 큰 성은 예루살렘이었어. 그 예루살렘에는 헤롯이라는 왕이 살고 있었단다. 어느 날 동쪽 먼 나라에서 박사들이 찾아와 왕에게 말했어.

"우리가 하늘에서 별을 보았는데, 그 별을 통해 베들레헴에 아기가 태어났고, 그 아기가 자라서 모든 사람이 사랑할

만한 사람이 될 것을 알게 되었습니다."

 헤롯 왕은 이 말을 듣자 질투심을 느꼈어. 그는 나쁜 사람이었거든. 하지만 그는 아닌 척하며 박사들에게 말했어.

 "그 아기가 어디쯤 있소?"

 박사들은 대답했지.

 "저희는 모릅니다. 하지만 별이 저희에게 보여줄 거라고 생각합니다. 그 별이 여기까지 오는 내내 저희 앞에서 움직이다가 지금 하늘에 멈춰 서 있습니다."

 그러자 헤롯은 그들에게 별이 아기가 사는 곳을 보여주는지 알아보라고 하고, 아기를 찾으면 자신에게 돌아와 알려달라고 명령했어. 그래서 그들이 나섰고, 별은 그들의 머리 위로 조금 앞서서 움직이다가 아기가 있는 집 위에 멈춰 섰단다. 이건 정말 놀라운 일이었지만, 하나님이 그렇게 되도록 하신 것이었어.

별이 멈추자, 박사들은 안으로 들어가서 예수님과 그분의 어머니 마리아를 보았어. 그들은 예수님을 아주 많이 사랑했고, 예수님께 선물도 드렸단다. 그러고 나서 그들은 떠났어. 하지만 헤롯 왕에게 돌아가지 않았어. 헤롯이 말은 하지 않았지만, 질투심이 있다는 것을 그들이 알았기 때문이었지. 그래서 그들은 밤에 자기 나라로 돌아갔어. 그리고 한 천사가 요셉과 마리아에게 나타나, 헤롯이 아기를 죽이려 할 테니 아기를 이집트라는 나라로 데리고 가라고 일러주었어. 그래서 요셉과 마리아는 아기를 데리고 밤에 도망쳐 안전하게 그곳에 도착했단다.

하지만 잔인한 헤롯은 박사들이 자신에게 돌아오지 않고, 그래서 예수 그리스도라는 아기가 어디 사는지 알아낼 수 없게 되자, 그의 병사들과 대장들을 불러 모아 명령했어.

"두 살 이하의 모든 남자아이를 죽여라!"

나쁜 사람들은 그대로 했어. 아이들의 어머니들은 아이

들을 품에 안고 거리를 이리저리 뛰어다니며 아이들을 살리려고 했고, 동굴이나 지하실에 숨기려 했지만 소용없었어. 칼을 든 병사들은 찾을 수 있는 모든 아이를 죽였어. 이 끔찍한 살인은 '무고한 아기들의 학살'이라고 불렀어. 어린 아기들이 정말로 순수했기 때문이지.

헤롯 왕은 예수 그리스도도 그 아이들 중 하나였기를 바랐어. 하지만 너희도 알다시피 예수님은 안전했어. 그분은 이집트로 안전하게 피했으니까. 그리고 나쁜 헤롯 왕이 죽을 때까지 부모와 함께 그곳에서 사셨단다.

제2장
●
물을 포도주로 변화시키시다

예수님이 나사렛으로 가시다

헤롯 왕이 죽자, 한 천사가 요셉에게 다시 나타나 이제는 예루살렘으로 가도 좋으니 아기 때문에 두려워하지 말라고 말했어. 그래서 요셉과 마리아, 그리고 그들의 아들 예수 그리스도는 예루살렘을 향해 여행을 떠났어. 하지만 가는 길에 헤롯 왕의 아들이 새로운 왕이 되었다는 소식을 듣고, 그도 혹시 아기를 해치려 할까 봐 두려워서 길을 돌려 나사렛이라는 곳에 가서 살게 되었단다. 그들은 예수 그리스도가 열두 살이 될 때 요셉과 마리아는 예루살렘 성전에서 열리던 종교 축제에 참석하려고 예수 그리스도와 함께 예루살렘으로 갔단다. 그 당시 성전은 아주 큰 교회나 대성당 같은 곳이었지. 축제가 끝났을 때, 그들은 친구들과 이웃들과 함께 많은 사람이 예루살렘에서 자신들의 고향 나사렛으로 돌아가는 길을 떠났단다. 그 당시에는 강도를 두려워해서 사람들이 무리지어 함께 여행하곤 했어. 길이 지금처럼 안전하고 잘 지켜지지 않았고, 여행 자체가 지금보다 훨씬 더 어려웠으니까.

그들은 온종일 여행했는데도 예수 그리스도가 함께 있지 않다는 것을 전혀 몰랐어. 함께 가는 사람이 너무 많았기 때문에, 예수님이 보이지는 않아도 사람들 속에 어딘가 있을 거라고 생각했지. 하지만 예수님이 거기에 없다는 것을 알고, 혹시 길을 잃었을까 봐 두려워서 크게 걱정하며 예수님을 찾기 위해 다시 예루살렘으로 돌아갔어.

그들은 성전에서 예수님을 찾았어. 예수님은 거기서 '박사'라고 불리는 몇몇 학식 있는 사람과 함께 하나님의 선하심과 우리가 어떻게 그분께 기도해야 하는지에 대해 이야기하고 있었지. 그들은 학자이자 똑똑한 사람들이었어. 그리고 예수 그리스도는 그들에게 하신 말씀과 질문 속에서 너무나 많은 지식을 보여주어서, 모두가 깜짝 놀랐단다.

예수님은 요셉과 마리아가 자신을 찾자 함께 나사렛 집으로 돌아가셨고, 서른 살이 될 때까지 그곳에서 사셨단다.

그 무렵, 정말 아주 선한 사람이 있었어. 요한이라는 이름의 남자였는데, 그는 마리아의 사촌인 엘리사벳이라는 여인의 아들이었어. 사람들이 서로를 죽이고 폭력적이며, 하나님에 대한 의무를 지키지 않자, 요한은 그들을 하나님의 뜻대로 사는 백성으로 가르치기 위해 온 나라를 다니며 설교하고 남자들과 여자들에게 회개하고 더 선하게 살라고 전파했어. 그리고 그는 자기 자신보다 사람들을 더 사랑하여, 낙타 가죽으로 만든 허름한 옷을 입었고, 여행 중에 찾은 메뚜기와 벌들이 빈 나무에 남겨둔 꿀 외에는 거의 먹지 않았단다. 너희는 메뚜기를 본 적이 있니? 낙타도 마찬가지지만, 너희도 낙타를 본 적 있을 거라고 생각해. 어

쨌든, 가끔 이곳으로 데려오기도 하니까, 보고 싶으면 보여줄게.

예루살렘에서 그리 멀지 않은 곳에 요단강이라는 강이 있었어. 그리고 요한은 자신에게 와서 하나님 앞에 회개하여 더 나은 사람이 되겠다고 약속하는 사람들에게 이 강물에서 세례를 주었단다. 아주 많은 사람이 무리 지어 그에게 갔어.

예수님께서 세례를 받으시다

예수 그리스도도 요한에게 가셨지. 그런데 요한이 예수님을 보자 그분께 말했어.

"제가 당신에게 세례를 줘야 한다니요… 당신은 저보다 훨씬 훌륭하신데요!"

예수 그리스도께서 대답하셨어.

"지금은 그렇게 하도록 하시오."

그래서 요한이 예수님께 세례를 주었어. 그리고 예수님이 세례를 받으셨을 때, 하늘이 열리고 하나님의 영이 비둘기처럼 아름다운 새 모양으로 내려왔고, 하늘에서 하나님의 음성이 들렸어.

"이는 내 사랑하는 아들이니, 내가 그를 매우 기뻐한다!"

그 후 예수 그리스도는 황량하고 외로운 광야로 가셔서 사십 일 밤낮을 그곳에서 보내셨어. 거기서 예수님은 이스라엘 백성에게 하나님의 나라에 대해 가르쳐서 죽은 후에도 하늘에서 행복하게 살 수 있도록 기도하셨단다.

광야에서 나오셨을 때, 예수님은 병든 사람들에게 손을 얹으심으로써 병을 고치기 시작하셨어. 하나님이 그분에게 병든 사람을 고치고, 눈먼 사람에게 시력을 주고, 내가 나중에 더 이야기해 줄 많은 놀랍고 엄숙한 일들을 할 수 있는 능력을 주셨기 때문이지. 이런 일들을 그리스도의 "기적"이라고 부른단다. 나는 너희들이 그 단어를 기억해 주면 좋겠어. 왜냐하면 내가 앞으로 다시 사용할 건데, 그것이 아주 놀랍고 하나님의 허락과 도움 없이는 할 수 없는 어떤 것을 의미하기 때문이야.

물을 포도주로 변화시키시다

예수 그리스도께서 행하신 첫 번째 기적은 가나(Gana)라는 곳에서였어. 그분은 어머니 마리아와 함께 결혼 잔치에 가셨는데 포도주가 없었어. 포도주가 다 떨어졌다고 마리

아가 예수님께 말했어.

 그곳에서 예수님은 하인들에게 돌 항아리 여섯 개에 물을 가득 채우라고 말씀하셨는데, 그분은 이 물을 포도주로 바꾸셨어. 그리고 그곳에 있던 모든 사람이 그것을 마셨단다.

 하나님께서 예수 그리스도에게 그런 기적을 행할 능력을 주셨기 때문이야. 예수님은 그 기적들을 행하셔서, 사람들이 그분이 특별한 분이라는 것을 알게 하고, 그분이 가르치신 것을 믿게 하며, 하나님이 그분을 보내셨다는 사실을 믿게 하셨어. 그리고 많은 이가 예수님이 병든 사람들을 고쳐주신다는 것을 듣고 그분을 믿기 시작했단다. 그래서 그분이 가는 거리와 길 곳곳마다 많은 군중이 그분을 따랐어.

제3장

●

열두제자를 택하시다

열두제자를 택하시다

사랑하는 아이들아,

예수 그리스도께서는 사람들에게 하늘나라 소식을 가르치기 위해 예수님과 함께 다닐 좋은 사람들이 필요했어. 그래서 그 분은 열두 명의 가난한 사람들을 자신의 동반자로 선택하셨단다. 이 열두 명은 '사도' 또는 '제자'라고 불리는데, 예수님은 그들을 가난한 사람들 중에서 뽑으셨어. 이는 가난한 사람들이 앞으로 다가올 모든 세대에 걸쳐, 하늘나라는 부자들뿐만 아니라 가난한 사람들을 위해서도 예비되었으며, 하나님은 좋은 옷을 입은 사람과 맨발로 누더기를 걸친 사람 사이에 아무런 차이도 두지 않으신다는 것을 항상 알게 하기 위함이었지. 가장 비참하고, 가장 못생

기고, 가장 기형적이며 불쌍한 사람들도 이 세상에서 하나님의 뜻대로 착하게 살면 하늘에서는 빛나는 하나님의 아들, 딸이 될 것이기 때문이야.

너희가 어른이 되었을 때 이것을 절대 잊지 말았으면 해.

사랑하는 아이들아,

어떤 가난한 남자나 여자, 아이에게도 절대로 교만하거나 불친절하게 대하면 안 된단다. 만약 그들이 나쁘더라도, 친절한 친구들과 좋은 집, 그리고 더 나은 교육을 받았었더라면 더 좋은 사람이 되었을 것으로 생각하면 좋겠어. 그러니 항상 친절하고 부드러운 말로 그들을 더 나은 사람으로 만들려고 노력하고, 가능하다면 항상 그들을 가르치고 도와주려고 노력해야 하겠지. 그리고 사람들이 가난하고 불쌍한 사람들을 욕할 때, 예수 그리스도께서 그들을 가르치시고, 그들을 보살펴줄 만한 가치가 있다고 여기셨다는 것을 기억하면서 너희 자신도 항상 그들을 불쌍히 여기고, 그들을 최대한 좋게 생각하면 좋겠어.

열두사도의 이름은 시몬 베드로, 안드레, 세베대의 아들 야고보, 요한, 빌립, 바돌로매, 도마, 마태, 알패오의 아들 야고보, 다대오(랍베오), 시몬, 그리고 가룟 유다였어.

가롯 유다는 나중에 예수 그리스도를 배신할 거란다. 이 이야기는 나중에 듣게 될 거야.

이들 중 처음 네 명은 가난한 어부였어. 그들은 예수님이 지나가실 때 바닷가에서 배에 앉아 그물을 고치고 있었지. 예수님은 멈추시고 시몬 베드로의 배에 가까이 가셔서 그에게 물고기를 많이 잡았느냐고 물으셨어. 베드로는 밤새 그물을 가지고 일했지만, 아무것도 잡지 못했다고 대답했지. 예수님께서 말씀하셨어.

"다시 그물을 내려라."

그들이 그렇게 하자, 즉시 그물에는 물고기가 너무 많이 잡혀서, 많은 사람이 와서 도와주었는데도 그물을 물 밖으로 끌어내는 데 많은 힘이 필요할 정도였고, 심지어 그것도 아주 힘들었단다. 이것이 예수 그리스도의 또 다른 기적이었어.

그때 예수님께서 말씀하셨어.

"나를 따라오너라."

그러자 그들은 즉시 예수님을 따랐단다. 그리고 그때부터 열두제자는 항상 예수님과 함께 있었지.

아주 많은 군중이 예수님을 따르고 가르침을 받기를 원했기 때문에, 예수님은 산으로 올라가셨어. 그곳에서 그들에게 설교하시고, 너희가 주님이 가르쳐주신 기도, 즉 "하늘에 계신 우리 아버지…"로 시작하는 그 기도의 말씀을 직접 들려주셨단다. 그것은 '주기도문'이라고 불리는데, 예수 그리스도께서 처음으로 제자들에게 그 말씀대로 기도하라고 명령하셨기 때문이야.

나병환자를 고치시다

그분이 산에서 내려오셨을 때, 나병이라는 무서운 병에 걸린 한 남자가 그분께 왔어. 그 당시에는 흔한 병이었고, 이 병에 걸린 사람들은 나병환자라고 불렸지. 이 나병환자

는 예수 그리스도의 발 앞에 엎드려 말했어.

"주님! 원하시면 저를 낫게 하실 수 있습니다!"

항상 불쌍한 마음으로 가득 찬 예수님은 손을 내밀어 말씀하셨어.

"내가 원한다! 깨끗하게 되어라!"

그러자 그의 병이 즉시 사라지고 나았단다.

중풍병자를 고치시다

가는 곳마다 많은 군중에게 둘러싸여 계셨기 때문에, 예수님은 제자들과 함께 쉬기 위해 한 집으로 가셨어. 그분이 집안에 앉아 계실 때, 몇몇 사람이 중풍병에 걸린 남자를 침대에 눕혀 데려왔어. 그는 온몸이 머리부터 발끝까지 떨려서 혼자 움직일 수도 없었지.

하지만 문과 창문 주위에 사람들이 가득해서 예수 그리스도께 가까이 갈 수 없었기 때문에, 이 사람들은 낮게 지어진 집 지붕으로 기어 올라갔어. 그리고 위쪽의 기와를 뚫고 병든 남자를 침대에 눕힌 채 예수님이 앉아 계신 방으로 내려 보냈단다. 그를 보셨을 때, 예수님은 불쌍히 여기는 마음으로 가득 차서 말씀하셨어.

"일어나라! 네 침상을 들고 네 집으로 가라!"

그러자 그 남자는 완전히 건강하게 일어나 걸어 나갔고 예수님께 감사하고 하나님께 감사드렸단다.

예수께서는 그들의 믿음을 보시고 중풍 환자에게 말씀하셨습니다. 얘야, 안심하여라. 네 죄가 용서 받았다. (마태복음 9장 2절)

제3장 열두 제자를 택하시다 • 33

백부장의 하인을 고치시다

백부장, 그러니까 병사들을 다스리는 장교 한 사람이 예수님께 와서 말했어.

"주님! 제 하인이 아주 많이 아파서 집에 누워 있습니다."

예수 그리스도께서 대답하셨어.

"내가 가서 고쳐주겠다."

하지만 백부장이 말했어.

"주님! 제가 감히 주님을 제 집으로 모실 자격이 없습니

다. 말씀만 하십시오, 그러면 제 하인이 나을 줄 압니다."

그러자 예수 그리스도는 백부장이 진정으로 믿는 것에 기뻐하시며 말씀하셨어.

"그렇게 될지어다!"

그러자 그 하인은 그 순간부터 나았단다.

죽은 소녀를 살리시다

그분께 온 모든 사람 중에서, 많은 사람을 다스리는 관리였던 한 남자만큼 큰 슬픔과 고통에 잠긴 사람은 없었어. 그는 두 손을 비비며 울부짖으며 말했어.

"오, 주님, 제 딸, 아름답고 착하고 순진한 어린 딸이 죽었습니다. 오, 부디 제 딸에게 오셔서 당신의 손을 그녀에게 얹어 주십시오. 그러면 딸이 다시 살아날 것이고, 저와 아이의 엄마를 행복하게 될 것을 압니다. 오 주님, 저희는 딸을 너무나 사랑합니다. 너무나 사랑해요! 그런데 딸이 죽었습니다!"

예수 그리스도께서는 그와 함께 가셨고, 제자들도 함께 그의 집으로 갔어.

불쌍하게 죽은 어린 소녀가 누워 있는 방에서 친구들과

이웃들이 울고 있었고, 그 당시 사람들이 죽었을 때 그러했듯이 부드러운 음악이 연주되고 있었지. 예수 그리스도께서 슬프게 그 아이를 보시고 불쌍한 부모를 위로하시며 말씀하셨어.

"소녀는 죽은 것이 아니다. 자고 있을 뿐이다."(마태복음 9장 24절)

그리고 나서 그분은 방에 있는 사람들을 내보내라고 명령하셨고, 죽은 아이의 손을 잡으셨어. 그러자 아이는 단지 잠에서 바로 깬 것처럼 감쪽같이 건강하게 일어났단다. 부모가 아이를 품에 안고 입을 맞추며, 이런 큰 자비를 베풀어주신 하나님과 그분의 아들 예수 그리스도께 감사 드리는 모습을 본다는 것은 얼마나 놀라운 광경이었을까!

　참으로 그분은 항상 자비롭고 온화하셨어. 그리고 그분은 그렇게 좋은 일을 하시고, 사람들에게 하나님을 사랑하는 방법과 죽은 후에 하늘에 가서 영원토록 행복하게 살 수 있는 희망을 가르치셨기 때문에 '우리의 구세주'라고 불렸단다.

제4장

안식일에 손 마른 사람을 고치시다

안식일에 손 마른 사람을 고치시다

그 나라, 즉 우리의 구세주 예수님께서 기적을 행하신 곳에는 바리새인이라고 불리는 특정한 사람들이 있었어. 그들은 아주 교만했고, 자신들 외에는 아무도 착한 사람이 없다고 믿었지. 그리고 그들은 모두 예수 그리스도를 두려워했어. 그분이 자신들보다 사람들을 더 잘 가르치셨기 때문이야. 그건 일반적인 유대인들도 마찬가지였어. (그 나라의 대부분 주민들은 유대인이었단다.)

우리의 구세주께서 어느 날 제자들과 함께 들판을 걷고 계셨을 때, 유대인들이 안식일이라고 부르는 날에 그곳에 자라고 있는 곡식 이삭을 몇 개 따서 먹었어. 이것을 바리새인들은 잘못이라고 말했지.

 마찬가지로, 우리의 구세주께서 그들의 회당 중 한 곳에 들어가셨을 때, 손이 완전히 말라비틀어진 한 남자를 불쌍히 여기며 바라보셨어. 그때 이 바리새인들은 말했어.

 "안식일에 사람들을 고치는 것이 옳습니까?"

 우리의 구세주께서는 이렇게 대답하셨어.

 "너희 중에 양이 있는데 양이 구덩이에 빠지면, 만일 안식일이라고 해도 끌어내지 않겠느냐? 사람이 양보다 얼마나 더 귀하냐!"

 그리고 나서 그분은 불쌍한 남자에게 말씀하셨어.

 "네 손을 내밀어라!"

 그러자 그의 손은 즉시 나았고, 다른 손처럼 매끄럽고 정

상적인 손이 되었단다. 그래서 예수 그리스도께서 그들에게 말씀하셨어.

"너희는 안식일이든, 평일이든 어떤 날이든 상관없이 항상 착한 일을 할 수 있다."

나인 성 과부의 죽은 아들을 살리시다

그 후에 우리의 구세주께서 나인이라는 도시로 들어가셨는데, 많은 사람이, 특히 병든 친척이나 친구, 아이들이 있는 사람들이 그분을 따랐어. 왜냐하면 그분께서 지나가시는 거리와 길에 병든 사람들을 데리고 나와 그분께 만져달라고 소리쳤기 때문이야. 그리고 그분이 만지시면 그들은 나았단다. 이 군중 한가운데를 가로질러 도시의 문 근처에서 그분은 한 장례 행렬을 만났어. 젊은 남자의 장례식이었는데, 그 나라의 관습처럼 (그리고 지금도 이탈리아의 많은 지역에서 그러하듯이) 덮개가 없는 들것에 실려 가고 있었어. 불쌍한 어머니는 들것을 따라가며 울부짖었어. 그 청년은 그녀의 유일한 아들이었기 때문이지. 우리의 구세주께서 그녀를 보셨을 때, 그녀가 그렇게 슬퍼하는 것을 보시고 불쌍한 마음에 감동을 받으시고 말씀하셨어.

"울지 마라!"

그러자 들것을 든 사람들이 멈춰 섰고, 그분은 들것으로 걸어가 손으로 만지시며 말씀하셨어.

"청년아, 일어나라!"

그러자 죽었던 청년은 예수님의 음성을 듣고 다시 살아나 일어나서 말하기 시작했단다. 그리고 예수 그리스도께서는 그 청년을 그의 어머니와 함께 남겨두고 떠나셨어. 오, 그 둘이 얼마나 행복했을까!

풍랑을 잔잔케 하시다

이때쯤에는 군중이 너무나 많아져서 예수 그리스도는 물가로 가셔서 배를 타고 더 한적한 곳으로 가셨어. 그리고 배 안에서 그분이 잠이 드신 동안 제자들은 갑판에 앉아 있었지. 그분이 아직 잠들어 계실 때, 사나운 폭풍이 불어 닥쳐 파도가 배 위로 넘쳐났고, 울부짖는 바람이 배를 심하게 흔들어서 가라앉을 지경이 되었어. 두려움에 질린 제자들이 우리의 구세주를 깨우며 말했어.

"주님! 우리를 구원해 주세요. 안 그러면 우리가 죽을 것 같아요!"

예수님이 일어나셔서 팔을 들어 올리시고, 요동치는 바다와 사납게 부는 바람에게 말씀하셨어.

"잠잠하라! 고요하라!"

그러자 즉시 날씨가 잔잔하고 쾌적해졌고, 배는 고요한 물 위를 안전하게 나아갔단다.

귀신들린 두 사람을 고치시다

우리의 구세주 예수님과 제자들이 물 건너편에 도착했을 때, 그들이 가려던 도시 밖에 있는 황량하고 외로운 묘지를 지나야 했어. 그 당시에는 모든 묘지가 도시 밖에 있었지. 이 묘지에는 무서운 귀신들린 두 사람이 무덤들 사이에 살면서 밤낮으로 울부짖어서, 여행자들이 그의 소리를 들으면 겁에 질리곤 했어. 사람들이 그를 쇠사슬로 묶으려고 했지만, 그는 너무 강해서 쇠사슬을 끊어버렸고, 날카로운 돌로 자기 몸을 끔찍하게 찌르면서 계속 울부짖었단다. 이 불쌍한 남자가 예수 그리스도를 멀리서 보았을 때, 그는 소리쳤어.

"하나님의 아들이여! 오, 하나님의 아들이여, 저를 괴롭히지 마십시오!"

예수님은 그에게 가까이 가시면서 그가 악한 귀신들에게 고통 받고 있다는 것을 알아채셨고, 그 악한 귀신들을 그에게서 쫓아내어 가까이서 풀을 뜯고 있던 돼지 떼에게 들어가게 하셨어. 그러자 돼지 떼는 즉시 바다로 이어지는 가파른 곳으로 머리를 들이밀고 달려가 모두 물에 빠져 죽었단다.

세례요한의 순교

그때 무고한 아기들을 학살했던 그 잔인한 왕의 아들 헤롯이 그곳 사람들을 다스리고 있었어. 그는 예수 그리스도께서 이런 기적들을 행하고, 눈먼 자를 보게 하고, 귀먹은 자를 듣게 하고, 말 못 하는 자를 말하게 하고, 다리 저는 자를 걷게 한다는 소식을 들었어. 그리고 수많은 사람이 그분을 따른다는 소식을 듣자, 헤롯은 말했어.

"이 사람은 세례 요한의 동반자이자 친구이다."

요한은 너희가 기억하다시피, 낙타털로 만든 옷을 입고 야생 꿀을 먹으며 사람들을 가르쳤던 착한 사람이었지. 헤롯은 요한을 못마땅하게 여겨 그를 포로로 잡았고 그를 자

신의 궁전 감옥에 가두어 두었단다.

헤롯이 요한 때문에 화가 났을 때 그의 생일이 되었어.

그의 딸 헤로디아는 춤을 아주 잘 추는 아이였는데, 생일에 아버지를 기쁘게 해 주기 위해 그 앞에서 춤을 추었지. 그녀는 헤롯을 너무나 기쁘게 해서, 헤롯은 그녀가 무엇을 요구하든 다 주겠다고 맹세했어. 그러자 그녀가 말했어.

"그럼 아버지, 세례 요한의 머리를 쟁반에 담아 저에게 주세요."

사실, 이 요구는 그녀의 엄마가 시킨 것이었는데, 그녀는 요한을 미워했고, 사악하고 잔인한 여자였거든.

왕은 슬펐어. 요한을 감옥에 잡아 놓고는 있었지만 그

를 죽이고 싶지는 않았으니까. 하지만 그녀가 요구하는 것을 주겠다고 맹세했기 때문에, 그는 병사들을 감옥으로 보내 세례 요한의 머리를 베어 딸 헤로디아에게 주라고 지시했어.

  병사들은 그대로 했고, 그녀가 말한 대로 요한의 머리를 쟁반에 담아 그녀에게 가져갔단다. 예수 그리스도께서 사도들로부터 이 잔인한 일을 들으셨을 때, (그들이 밤에 요한의 시신을 몰래 묻은 후에) 그분은 그 도시를 떠나 제자들과 함께 다른 곳으로 가셨단다.

제5장

막달라 마리아의 회심

막달라 마리아의 회심

바리새인 중 한 명이 우리의 구세주께 자기 집에 와서 함께 식사하자고 초청했어. 예수님께서 식탁에 앉아 식사하고 계실 때, 그 도시에서 죄 많은 삶을 살았던 한 나쁜 여자가 방으로 몰래 들어왔단다.

그녀는 하나님의 아들이 자신을 보는 것이 부끄러웠지만, 자기의 잘못을 마음속 깊이 뉘우치면서 모든 사람에 대한 그분의 선하심과 연민을 확실히 믿었어. 그래서 그녀는 조금씩 조금씩 그분께서 앉으셨던 자리 뒤로 가서 그분 발 아래 엎드려 자기 슬픔의 눈물로 그분의 발을 적셨어. 그리고는 그 발에 입을 맞추고 자신의 긴 머리카락으로 씻으며, 상자에 담아온 향기로운 기름을 그분의 발에 발랐지. 그녀

의 이름은 막달라 마리아였단다.

바리새인 시몬은 예수님께서 이 여자가 자신을 만지도록 허락하시는 것을 보고, 속으로 예수님이 그녀가 얼마나 사악한 죄인인지 모른다고 생각했어. 하지만 예수 그리스도께서는 그의 생각을 아시고 그에게 말씀하셨어.

"시몬아, 어떤 사람에게 빚진 자가 있었는데, 한 명은 오백 데나리온을 빚졌고, 다른 한 명은 오십 데나리온을 빚졌는데, 주인이 그 둘의 빚을 모두 탕감해 주었다고 하자.

너는 이 두 빚진 자 중에 누가 그를 가장 사랑할 것으로 생각하느냐?"

시몬이 대답했어.

"가장 많이 용서받은 자가 더 사랑할 거라고 생각합니다."

예수님은 그가 옳다고 말씀하시고는, "하나님께서 이 여인의 많은 죄를 용서하셨으니, 나는 그녀가 하나님을 더 많이 사랑할 것이라고 믿는다"라고 말씀하셨어.

그리고 그녀에게 말씀하셨지.

"하나님께서 너를 용서하셨다!"

그 자리에 있던 사람들은 예수 그리스도께서 죄를 용서할 권능이 있으신 것을 궁금해 했지만, 하나님께서 그분에게 사람들의 죄를 용서할 권능을 주셨단다. 그리고 그 여인은 그분의 모든 자비에 감사하며 돌아갔어.

우리는 이 이야기에서 배워야 할 것이 있어. 우리에게 해를 입힌 사람들이 와서 진정으로 뉘우친다고 말할 때, 우리는 항상 그들을 용서해야 한다는 거야. 설령 그들이 와서 그렇게 말하지 않더라도, 우리는 여전히 그들을 용서해야 하고, 절대로 그들을 미워하거나 불친절하게 대하면 안

돼. 하나님이 우리를 용서해 주시기를 바란다면 말이야.

38년 된 환자를 고치시다

그 후 유대인들의 큰 축제가 있었고, 예수 그리스도께서는 예루살렘으로 가셨어. 그곳 양 시장 근처에는 베데스다라는 연못이 있었는데, 다섯 개의 문이 있었지. 그 축제가 열리는 시기에는 아주 많은 병자와 절름발이들이 이 연못에 목욕하러 갔단다. 천사가 와서 베데스다 연못의 물을 휘저으면, 그 후에 가장 먼저 물에 들어가는 사람은 어떤 병이든 나을 거라고 믿었기 때문이야.

그 불쌍한 사람들 중에는 삼십팔 년 동안이나 아팠던 한 남자가 있었어. 그는 혼자 침대에 누워 있는 것을 보고 불쌍히 여겨주신 예수 그리스도께, 자신이 너무 약하고 아파서 연못에 들어갈 수 없었다고 말했지. 그때 우리의 구세주께서 그에게 말씀하셨어.

"네 침상을 들고 가라."

그러자 그는 완전히 나아서 떠났단다.

많은 유대인이 이것을 보았고, 제사장들은 예수 그리스도를 더 미워했어. 사람들이 그분에게서 가르침을 받고 치

유되면서, 거짓말을 하고 그들을 속이는 제사장들을 믿지 않을 것을 알았기 때문이지. 그래서 그들은 서로에게 예수 그리스도를 죽여야 한다고 말했어. 왜냐하면 그분이 안식일에 사람들을 고치셨기 때문이었는데, 이런 일은 그들의 엄격한 율법에 어긋났다는 거야. 또 그분이 자신을 하나님의 아들이라고 말했기 때문이었지. 그래서 그들은 그분을 대적할 적들을 만들고, 거리의 군중을 선동하여 그분을 죽이려 했단다.

하지만 군중은 그분이 가는 곳마다 그분을 따랐어. 그분을 축복하고, 가르침을 받고 치유되기를 기도했지. 그분이 좋은 일만 하신다는 것을 그들은 알았으니까.

떡 다섯 개와 물고기 두 마리의 기적

예수님은 제자들과 함께 디베랴 바다라고 불리는 바다를 건너가셨고, 언덕 비탈에 앉아 계셨어. 그분은 아래에서 기다리는 많은 불쌍한 사람들을 보시고 제자 빌립에게 말씀하셨어.

그들이 이 빈들에서 "어디서 빵을 사서, 먹고 힘을 얻게 할까?"

빌립이 대답했어.

"주님, 이 많은 사람에게는 이백 데나리온 어치의 빵도 충분하지 않을 것입니다. 그리고 우리는 아무것도 없습니다."

시몬 베드로의 형제인 사도 안드레가 말했어.

"우리에게는 어린 소년이 가지고 있는 보리 떡 다섯 개와 작은 물고기 두 마리밖에 없습니다. 이렇게 많은 사람에게 이것들이 무슨 소용이 있겠습니까!"

예수 그리스도께서 말씀하셨어.

"모두 앉게 하라!"

그곳에는 풀이 많았기 때문에 그들은 그렇게 했어. 모두가 앉자, 예수님은 떡을 들고 하늘을 올려다보시며 축복하시고, 떼어서 조각조각 사도들에게 주셨고, 사도들은 그것을 사람들에게 나누어 주었단다. 그랬더니 그 다섯 개의 작은 떡과 물고기 두 마리로 여자와 아이들 외에도 오천 명의 남자가 먹고도 충분했고, 모두가 배불리 먹은 후에 남은 것을 열두 바구니 가득 거두었단다. 이것이 예수 그리스도의 또 다른 기적이었어.

예수님이 물 위를 걸으시다

우리의 구세주께서는 그 후에 제자들을 배에 태워 물 건너편으로 보내시고, 자신은 사람들을 해산시킨 후에 곧 그들을 따라갈 것이라고 말씀하셨어. 사람들이 떠나자, 그분은 홀로 기도하기 위해 남으셨어. 한편, 밤이 되었는데도 제자들은 아직 배를 타고 물 위에서 노를 젓고 있었고, 예수님께서 언제 오실까 궁금해 하고 있었지. 깊은 밤에 바람이 그들을 거슬러 불고 파도가 높이 칠 때, 그들은 예수님께서 마른 땅을 걷는 것처럼 물 위를 걸어 그들에게 오시는 것을 보았어. 그 모습을 보고

그들은 겁에 질려 "유령이다"라고 소리쳤지만, 예수님께서 말씀하셨어.

"나다. 두려워하지 마라!"

베드로가 용기를 내어 말했어.

"주님, 만일 주님이시거든, 저더러 물 위로 주님께 오라고 하십시오."

예수 그리스도께서 말씀하셨어.

"오라!"

그러자 베드로는 그분께 걸어갔어. 하지만, 화난 파도를

보고 바람이 포효하는 소리를 듣자 두려워져 물에 가라앉기 시작했어. 그러나 예수님께서 그의 손을 잡고 배 안으로 이끄셨기에 그는 가라앉지 않았지. 그러고는 바람이 순식간에 잠잠해졌어. 제자들은 서로에게 말했어.

"정말이다! 이분은 정말 하나님의 아들이시다!"

이 일이 있은 뒤에도 예수님은 더 많은 기적을 행하셨고, 수많은 병자를 고치셨으며, 다리 저는 자를 걷게 하고, 말 못 하는 자를 말하게 하고, 눈먼 자를 보게 하셨어. 그리고 다시금 기진하고 배고픈 많은 군중에게 둘러싸여 계셨는데, 그들은 사흘 동안 그분과 함께 있으면서 거의 먹지 못했지. 예수님은 제자들에게서 빵 일곱 개와 물고기 몇 마리를 받으셨고, 다시 그것들을 사천 명의 사람들에게 나누어 주셨어. 모두가 먹고도 충분했으며, 남은 것을 일곱 바구니 가득 거두었단다.

십자가의 죽음과 부활과 승천을 예언하시다

그분은 이제 제자들을 나누어 많은 마을과 동네로 보내시며, 사람들을 가르치고, 하나님의 이름으로 병든 모든 사람을 고칠 능력을 주셨어. 그리고 이때부터 그분은 (무슨 일이 일어날지 아셨기 때문에) 언젠가 때가 되면 자신이 예루살렘으로 돌아가 많은 고난을 당하고, 그곳에서 죽임을 당할 것이라고 제자들에게 말씀하기 시작하셨어. 하지만 그분은 그들에게 죽으신 지 사흘 만에 무덤에서 다시 살아나 하늘로 올라가셔서, 하나님의 오른편에 앉아 죄인들을 위해 하나님의 용서를 간구하실 것이라고 말씀하셨단다.

제6장

어린아이와 같지 아니하면

변화산에 오르시다

빵과 물고기 기적이 일어나고 며칠 후, 예수 그리스도께서는 오직 세 명의 제자, 베드로, 야고보, 요한만을 데리고 높은 산으로 올라가셨어.

그곳에서 그들에게 말씀하고 계실 때, 갑자기 예수님의 얼굴이 태양처럼 빛나기 시작했고, 그 입으신 흰옷은 반짝이는 은처럼 빛났으며, 마치 천사처럼 그들 앞에 서 계셨단다. 동시에 밝은 구름이 그들을 뒤덮었고, 구름 속에서 말씀하시는 음성이 들렸어.

"이는 내가 사랑하는 내 아들이요, 내가 그를 매우 기뻐한다. 너희는 그의 말을 들으라!"

이 말씀에 세 제자는 두려워 무릎을 꿇고 얼굴을 가렸어.

이것을 우리의 구세주의 '변모'라고 부른단다.

간질병 아이를 고치시다

그들이 이 산에서 내려와 다시 사람들 사이에 계셨을 때, 한 남자가 예수 그리스도의 발 앞에 무릎을 꿇고 말했어.

"주님, 제 아들을 불쌍히 여겨 주십시오. 그는 미쳐서 고통 받고, 때때로 불 속으로, 때때로 물속으로 떨어져 온몸이 흉터와 상처로 뒤덮여 있습니다. 당신의 제자 몇 명이 그를 고치려 했지만 할 수 없었습니다."

예수님께서는 즉시 그 아이를 고쳐주셨어. 그리고 제자들에게 돌아서서, 그들이 고칠 수 없었던 것은 그분을 기대했던 만큼 진정으로 믿지 않았고 기도하지 않았기 때문이라고 말씀하셨어.

어린아이와 같지 아니하면 천국에 들어갈 수 없다

제자들이 그분께 물었어.

"선생님, 하늘나라에서 누가 가장 위대합니까?"

예수님은 한 어린아이를 불러 그를 팔에 안으시고 그들 가운데 서서 대답하셨어.

"이 어린아이처럼 겸손한 자들만 하늘나라에 들어갈 것이다. 누구든지 내 이름으로 이런 어린아이 하나를 영접하

면 나를 영접하는 것이다. 그러나 누구든지 그들 중 하나를 해하면, 그에게는 차라리 맷돌을 목에 매고 바다 깊은 곳에 빠지는 것이 더 나을 것이다. 이 어린아이들을 보호하는 천사들이 날마다 하나님을 뵙고 있다."

우리의 구세주께서는 이 아이뿐만 아니라 모든 아이를 사랑하셨어. 그리고 온 세상을 사랑하셨지.

"그분만큼 모든 사람을 그토록 잘, 그리고 진정으로 사랑한 사람은 아무도 없었다."

일흔 번씩 일곱 번이라도 용서하라

베드로가 그분께 물었어.

"주님, 저를 화나게 하는 사람을 얼마나 자주 용서해야 합니까? 일곱 번이요?"

우리의 구세주께서 대답하셨어.

"일흔 번씩 일곱 번, 그 이상이다. 그렇지 않으면 네가 잘못했을 때 하나님이 너를 용서해 주시기를 어떻게 바랄 수 있겠느냐, 만약 네가 다른 모든 사람을 용서하지 않는다면 말이야!"

남을 용서하지 않고 용서 받으려는 자

그리고 그분은 제자들에게 이 이야기를 들려주셨어.

"옛날에 주인에게 많은 돈을 빚지고 갚을 수 없었던 종이 있었는데, 주인은 매우 화가 나서 이 종을 노예로 팔려고 했다. 하지만 종이 무릎을 꿇고 매우 슬퍼하며 주인의 용서를 빌자, 주인은 그를 용서해 주었다.

그런데 이 종에게는 백 데나리온을 빚진 동료 종이 있었는데, 이 불쌍한 사람에게 주인이 자신에게 했던 것처럼 친절하게 용서하지 않고, 도리어 그를 감옥에 가두었다.

이 소식을 들은 그의 주인은 그에게 가서 말했다. '오, 이 사악한 종아, 내가 너를 용서했는데. 왜 너는 네 동료 종을 용서하지 않았느냐?' 그렇게 말하면서 그의 주인은 그를 큰 고통 속으로 쫓아냈다."

우리의 구세주께서 계속 말씀하셨어.

"그러니 네가 다른 사람들을 용서하지 않는다면, 하나님이 너를 용서해 주시기를 어떻게 기대할 수 있겠느냐?"

이것이 주기도문의 한 부분의 의미야. 바로 "우리의 죄(잘못)를 용서해 주옵시고"라고 말하는 부분인데, 우리가 우리에게 죄를 지은 자를 용서해 준 것같이"라는 뜻이지.

그리고 그분은 그들에게 또 다른 이야기를 들려주시며 말씀하셨어.

천국 품삯의 비유

"옛날에 어떤 농부가 포도원을 가지고 있었는데, 그는 아침 일찍 나가서 품꾼들과 하루 종일 일하는 대가로 한 데나리온을 주기로 계약했다. 그리고 시간이 좀 지나자, 그는 다시 나가서 같은 조건으로 더 많은 품꾼을 고용했다. 그리고 또 시간이 지나자 다시 나갔고, 그렇게 여러 번 오

후까지 계속했다.

하루가 끝나고 모두가 품삯을 받으러 왔을 때, 아침부터 일했던 사람들은 하루 늦게 일을 시작한 사람들과 같은 돈을 받았다고 불평하며 주인을 공정하지 않다고 불평했다. 하지만 주인은 "친구여, 나는 너와 한 데나리온으로 계약하지 않았느냐? 내가 다른 사람에게 같은 돈을 준다고 해서 나를 악하게 보는 것이냐?"라고 말했어.

우리의 구세주께서는 이 비유를 통해, 평생 하나님을 믿고 그분의 뜻대로 산 착한 사람들은 죽은 후에 하늘에 갈 것이라는 것을 가르치려고 하셨어. 하지만 어렸을 때 돌봐 줄 부모나 친구가 없어서 악하게 살았더라도, 또 아무리 나이가 많이 들었더라도 진정으로 뉘우치고 하나님께 용서를 구하면, 그들도 용서받고 하늘에 갈 것이라는 것을 가르치셨단다. 그분은 제자들에게 이런 이야기들로 가르치셨는데, 그 이유는, 사람들이 이런 이야기를 듣는 것을 좋아하고, 그렇게 말씀하시면 자신의 말씀을 더 잘 기억할 것을 아셨기 때문이야. 이런 이야기들을 "비유"라고 부른단다. 우리는 이것을 '예수님의 비유들'이라고도 하는데, 곧 더 많은 비유를 너희에게 이야기해 줄 테니 그 단어를 기억해 주면 좋겠어.

사람들은 우리의 구세주이신 예수님께서 하신 모든 말씀에 귀 기울였지만, 그분에 대해 서로 생각이 달랐던 사람들도 있었어. 바리새인들과 유대인들은 그들 중 몇몇 사람에게 그분을 반대하도록 말했고, 그들 중 일부는 그분을 해치려 하고 심지어 죽이려 하기까지 했어. 하지만 그들은 아직 그분을 해치지 못했는데, 그것은 그분의 선하심과, 그분이 비록 가난한 사람들처럼 아주 소박하게 옷을 입었음에도 너무나 신성하고 거룩 웅장하게 보여서, 감히 그분의 눈을 마주할 수 없었기 때문이야.

죄 없는 자가 먼저 돌을 던져라

어느 날 아침, 그분은 감람산이라고 불리는 곳에 앉아서 사람들에게 가르치고 계셨어. 사람들은 모두 그분 주위에 모여 주의 깊게 듣고 배웠지. 그때 큰 소리가 들렸고, 바리새인들과 서기관이라고 불리는 사람들이 큰 소리로 외치며 뛰어 들어왔어. 그들 사이에 잘못을 저지른 한 여자를 끌고 와서 모두 함께 소리치면서 말이야.

"선생님! 이 여자를 보십시오. 율법은 그녀를 돌로 쳐 죽이라고 말합니다. 그러나 당신은 무엇이라고 말하십니까?"

예수님은 시끄러운 군중을 주의 깊게 보셨고, 그들이 그분을 찾아와 율법이 잘못되고 잔인하다고 말하게 만들려고 한다는 것을 아셨어. 그리고 만약 그분이 그렇게 말씀하시면, 그들은 그것을 그분의 죄목으로 삼아 자신을 죽일 것이라는 것도 아셨지. 그분이 그들의 얼굴을 보시자 그들은 부끄러워하고 두려워했지만, 여전히 소리쳤어.

"자! 무엇이라고 말하십니까, 선생님?

예수님은 몸을 굽혀 땅바닥에 손가락으로 쓰셨어.

"너희 중에 죄 없는 자가 먼저 그녀에게 돌을 던져라."

그들이 서로의 어깨 너머로 이것을 읽고, 그분께서 그들에게 그 말을 반복하시자, 그들은 부끄러워하며 한 사람씩 떠나갔어. 마침내 시끄러운 군중 중 한 사람도 남지 않았고, 예수 그리스도와 두 손으로 얼굴을 가린 여인만이 남았지.

그때 예수 그리스도께서 말씀하셨어.

"여인아, 너를 고발하는 자들이 어디 있느냐? 아무도 너를 정죄하지 아니하였느냐?"

그녀는 떨면서 대답했어.

"아닙니다, 주님!"

우리의 구세주께서 말씀하셨어.

"그렇다면 나도 너를 정죄하지 않는다. 가라! 그리고 다시는 죄를 짓지 마라!"

제7장

●

누가 네 이웃이냐?

누가 네 이웃이냐?

우리의 구세주이신 예수 그리스도께서 사람들을 가르치고 그들의 질문에 대답하고 계실 때, 한 율법사가 일어서서 말했어.

"선생님, 제가 죽은 후에 영원토록 행복하게 다시 살려면 무엇을 해야 합니까?"

예수님께서 그에게 말씀하셨어.

"모든 계명 중에 첫째는 이것이다. 주 우리 하나님은 한 분이시다. 너는 마음을 다하고, 목숨을 다하고, 뜻을 다하고, 힘을 다하여 주 너의 하나님을 사랑하라. 그리고 둘째는 이와 같다. 네 이웃을 너 자신처럼 사랑하라. 이보다 더 큰 다른 계명은 없다!"

그러자 율법사가 말했어.

"하지만 누가 제 이웃입니까? 제가 알 수 있도록 말씀해 주십시오."

예수님은 이 비유로 대답하셨단다.

"옛날에 예루살렘에서 여리고로 가던 한 나그네가 있었는데 여행 중에 강도들을 만났다. 강도들은 그의 옷을 벗기고 상처를 입힌 후, 그를 반쯤 죽은 상태로 길에 내버려 두고 떠났다. 마침 그 길을 지나던 제사장이 불쌍한 사람이 거기 누워 있는 것을 보고도 아무런 관심도 두지 않고 다른 편으로 지나갔다. 또 다른 사람인 레위인도 그 길로 와서 그를 보았지만, 잠시 그를 바라보고는 역시 지나쳐 버렸다.

하지만 어떤 사마리아인이 그 길을 여행하다가 그를 보자마자 그를 불쌍히 여겨 그의 상처에 기름과 포도주를 바르고, 자신이 타고 가던 짐승에 그를 태워 여관으로 데려갔다. 그리고 다음 날 아침, 주머니에서 두 데나리온을 꺼내 여관 주인에게 주며 말했다. '그를 잘 돌봐 주시오. 이 이상 쓰는 것은 제가 다시 여기 왔을 때 갚아드리겠습니다.' 자, 이 세 남자 중에 누가 강도 만난 자의 이웃이라고 불려야 한다고 생각하느냐?"

    우리의 구세주께서 율법사에게 물으셨어. 그러자 율법사가 대답했어.

    "그를 불쌍히 여긴 남자입니다."

    우리의 구세주께서 대답하셨어.

    "옳다. 너도 가서 그와 같이 행하라! 모든 사람에게 불쌍한 마음을 가져라. 모든 사람은 너의 이웃이자 형제이기 때문이다."

높이는 자는 낮아지고

그리고 그분은 그들에게 이 비유를 들려주셨는데, 그 의미는 우리가 결코 교만해서는 안 되고, 하나님 앞에서 자신을 아주 착하다고 생각해서는 안 되며, 항상 겸손해야 한다는 것이었어. 그분이 말씀하셨어.

"잔치나 결혼식에 초대받았을 때, 가장 좋은 자리에 앉지 마라. 혹시 더 존경받는 사람이 와서 그 자리를 차지할 수도 있으니 말이다. 도리어 가장 낮은 자리에 앉아라. 그러면 네가 그럴 자격이 있다고 여겨질 때 더 좋은 자리로 모실 것이다. 누구든지 자신을 높이는 자는 낮아지고, 자신을 낮추는 자는 높아질 것이기 때문이다."

천국 잔치에 초청받은 자들의 핑계

그분은 또한 그들에게 이 비유를 들려주셨어.

"어떤 사람이 큰 잔치를 준비하고 많은 사람을 초대했다. 그리고 잔치가 준비되자 하인을 보내 그들을 초청했다. 그러자 그들은 변명하기 시작했는데, 어떤 사람은 땅을 샀으니 가서 봐야 한다고 말했고, 다른 사람은 소 다섯 마리를 샀으니 가서 시험해 봐야 한다고 말했다. 또 다른 사람은 갓 결혼했으니 갈 수 없다고 말했다. 집 주인이 이 말을 듣고 화가 나서 하인에게 명령하기를, 거리로, 큰길로, 울타리 사이로 나가 가난한 자들, 다리 저는 자들, 불구자들, 그리고 눈먼 자들을 거절한 사람들을 대신해서 잔치에 초대하라고 말했다."

우리의 구세주께서 이 비유를 들려주신 의미는, 자신의 이익과 즐거움에 너무 바빠서 하나님과 선한 일을 생각하지 않는 사람들은 병들고 불쌍한 사람들만큼 그분에게서 은혜를 찾지 못할 것이라는 의미였어.

세리장 삭개오의 회개

우리의 구세주께서 여리고 성에 계실 때, 나무 위에서 군중의 머리 위로 그분을 내려다보고 있는 삭개오라는 남자를 보셨어.

그는 흔한 사람이고 죄인으로 여겨졌지만, 예수 그리스도께서는 지나가시면서 그를 부르시며 그날 그의 집으로 가서 함께 식사하시겠다고 말씀하셨지. 교만한 바리새인들과 서기관들은 이 말을 듣고 서로에게 투덜거리며 말했어.

"그가 죄인들과 함께 먹는다."

탕자의 비유와 아버지의 사랑

이때 예수님은 그들에게 대답하시면서, 이 비유를 말씀하셨는데, 이것은 보통 "탕자의 비유"라고 불린단다.

"옛날에 어떤 남자에게 아들이 둘 있었다. 그들 중 어린 아들이 어느 날 말했다. '아버지, 아버지의 재산 중에서 제 몫을 지금 주십시오. 제가 하고 싶은 대로 쓰겠습니다.' 아버지는 그의 요청을 들어주었고, 그는 돈을 가지고 먼 나라로 여행을 떠나 곧 방탕한 생활로 모두 써 버렸다."

"모두 써 버리자, 그 나라 전역에 큰 고통과 기근이 찾아와 빵이 없었고, 곡식과 풀, 그리고 땅에서 자라는 모든 것이 다 말라 버리고 시들었다. 탕자는 너무나 고통스럽고 배고파서 들에서 돼지를 먹이는 하인으로 일하게 되었다. 그리고 그는 돼지들이 먹는 거친 사료라도 먹고 싶었지만, 주인은 그에게 아무것도 주지 않았다. 이 고통 속에서 그는 자신에게 말했다. '내 아버지의 하인들은 얼마나 많은 빵을 가졌는지 먹고도 남을 지경인데, 나는 굶주림으로 여기서 죽는구나! 내가 일어나 아버지께로 가서 이렇게 말씀드려야겠다. 아버지! 제가 하늘과 아버지께 죄를 지었으니, 더 이상 아버지의 아들이라 불릴 자격이 없습니다.'"

"그래서 그는 큰 고통과 슬픔과 어려움 속에서 다시 아버지 집으로 돌아갔다. 그가 아직 집과 멀리 떨어져 있을 때, 그의 아버지는 그를 보았고, 그가 비록 누더기를 걸친 참으로 비참한 모습이었지만 그 아들을 알아보고 그에게 달려가 울면서 그의 목을 끌어안고 입을 맞추었다. 그리고 그는 하인들에게 이 회개한 불쌍한 아들에게 가장 좋은 옷을 입히고, 그의 돌아옴을 축하하기 위해 큰 잔치를 벌이라고 말했다. 하인들은 그 명령대로 행하였고 그들은 즐거워하기 시작했다."

"하지만 들에 있던 큰아들은 동생이 집에 돌아왔다는 것을 전혀 몰랐는데, 집에 와서 음악 소리와 춤추는 소리를 듣고 하인 중 한 명을 불러 무슨 일이냐고 물었다. 이에 하인이 대답하기를, 동생분이 집에 돌아왔고, 주인님께서 그 때문에 기뻐하고 있다고 했다. 이에 큰형은 화가 머리끝까지 나서 집으로 들어가려 하지 않았다. 아버지는 이 소식을 듣고 그를 설득하기 위해 밖으로 나왔다.

"큰아들이 말했다. '아버지, 아버지께서는 저를 공정하게 대하지 않으시는군요. 제 동생이 돌아온 것을 그렇게 기뻐하시다니요! 제가 여러 해 동안 아버지와 늘 함께 있었고 아버지께 충실했지만, 아버지께서는 저를 위해 잔치를 한 번도 베풀어 주지 않으셨습니다. 하지만 방탕하고 난잡하게 살면서 온갖 나쁜 짓을 하며 돈을 날려 버린 제 동생이 돌아오자, 아버지께서는 기쁨으로 가득 차시고 온 집안이 즐거워하는군요!' 아버지가 대답했다. '아들아, 너는 항상 나와 함께 있었고, 내가 가진 모든 것이 네 것이다. 하지만 우리는 네 동생이 죽은 줄 알았는데, 살아 돌아왔다. 그가 길을 잃었었는데, 다시 찾은 것이다. 그러니 동생이 돌아온 것을 우리가 기뻐하는 것은 당연한 일이 아니냐!"

우리의 구세주께서는 이 비유를 통해, 잘못을 저지르고 하나님을 잊었던 사람들도, 자신들이 저지른 죄에 대해 슬퍼하며 그분께 돌아오기만 한다면, 항상 그분에게 환영받고 자비를 받을 것이라고 가르치려고 하셨어.

바리새인들은 예수님의 그런 가르침을 경멸했어. 그들은 부유하고 탐욕스러웠으며, 자신들이 모든 사람보다 우월하다고 생각했거든. 그런 그들에게 경고하기 위해 그리스도께서는 이 비유, 즉 "부자와 나사로의 비유"를 말씀하셨어.

부자와 나사로의 천국과 지옥 이야기

"옛날에 자주색 옷과 고운 베옷을 입고 매일 호화롭게 잔치하며 지내는 부자가 있었다.

그리고 대문 곁에 앉아 온몸에 헌데가 가득하고 부자의 상에서 떨어지는 부스러기로 배를 채우기를 간절히 바라는 나사로라는 어떤 거지가 있었다. 게다가 개들이 와서 그의 헌데를 핥았다."

"그리고 거지가 죽으니, 천사들이 그를 아브라함의 품에 데려갔다. 아브라함은 그 시대보다 오래전에 살았던 사랑받는 하나님의 사람이었고, 그때 그는 이미 죽어 하늘에 있었다. 부자도 죽어서 장사되었다. 그리고 그는 지옥에서 고통 중에 눈을 들어 멀리 아브라함과 나사로를 보았다. 그는 소리 질러 말했다. '아버지 아브라함이여, 저를 불쌍히 여기사 나사로를 보내셔서 그의 손가락 끝에 물을 찍어 제 혀를 시원하게 해 주십시오. 제가 이 불꽃 속에서 고통 받고 있습니다.' 그러나 아브라함이 말했다. '애야, 너는 살아 있을 때 좋은 것을 받았고, 마찬가지로 나사로는 나쁜 것을 받았던 것을 기억해라. 그러나 이제 그는 위로를 받고 너는 고통을 받는다!'"

바리새인과 세리의 기도

그리고 다른 비유들 중에서, 그리스도께서는 이 교만한 바리새인들에게 말씀하셨어.

"두 사람이 기도하러 성전에 올라갔는데, 한 사람은 바리새인이었고 한 사람은 세리였다. 바리새인은 '하나님이여, 저는 다른 사람들처럼 불의하지 않고, 이 세리처럼 나쁘지 않은 것을 감사합니다!'라며 기도했다. 멀리 서 있던 세리는 하늘을 향해 눈을 들지도 못하며 단지 가슴을 치며 말했다. '하나님이여, 죄인인 저를 불쌍히 여기소서!'"

우리의 구세주께서는 하나님이 다른 사람보다 그 사람에게 자비로우실 것이며, 그가 겸손하고 낮은 마음으로 기도했기 때문에 그의 기도를 더 기뻐하실 것이라고 그들에게 말씀하셨단다.

카이사르의 것은 카이사르에게

바리새인들은 이런 가르침을 듣고 너무나 화가 나서, 몇몇 스파이를 고용하여 우리의 구세주께 질문을 하여 그분이 율법에 어긋나는 말을 하도록 함정에 빠뜨리려 했어. 그 나라의 황제, 곧 카이사르라고 불리는 사람인데, 그는 백성들에게 정기적으로 세금을 내도록 명령했고, 자신의 권리에 대항하는 사람에게는 누구에게나 잔인했기 때문에, 이 스파이들은 어쩌면 우리의 구세주께서 그것이 부당한 세금이라고 말씀하시도록 유도하려고 했어. 그래야 황제의 불쾌감을 사게 할 수 있을 것으로 생각했기 때문이지 그들은 아주 겸손한 척하며 그분께 와서 말했어.

"선생님, 당신은 하나님의 말씀을 옳게 가르치시고, 사람들의 부나 높은 지위 때문에 사람을 차별하지 않으십니다. 저희에게 말씀해 주십시오. 카이사르에게 세금을 내는 것이 합법적입니까?"

그들의 생각을 아시는 그리스도께서 대답하셨어.

"왜 묻느냐? 나에게 데나리온을 보여다오."

그러자 그들이 예수님께 데나리온을 보여줬어.

"이것 위에 있는 형상과 이름은 누구의 것이냐?"

그분이 그들에게 물으셨어. 그러자 그들이 대답했어.

"카이사르의 것입니다."

그분이 말씀하셨어.

"그러면 카이사르의 것은 카이사르에게 바치고 하나님의 것은 하나님께 바쳐라."

그들은 그분을 함정에 빠뜨릴 수 없어서 매우 격분하고 실망하며 그분을 떠났단다. 하지만 우리의 구세주께서는 그들의 마음과 생각을 아셨을 뿐만 아니라 다른 사람들이 그분을 대적하여 음모를 꾸미고 있고, 자신이 곧 죽임을 당할 것이라는 것도 아셨어.

과부의 두 렙돈 헌금

그분께서 그렇게 가르치고 계실 때, 그분은 헌금함 근처에 앉아 계셨는데, 사람들이 길을 지나가면서 가난한 사람들을 위해 돈을 상자에 넣는 곳이었지. 예수님께서 그곳에 앉아 계실 때 지나간 다수의 부자가 많은 돈을 넣었어.

마침내 한 불쌍한 과부가 와서 두 렙돈을 넣고 조용히 떠났어. 예수님은 그녀가 그렇게 하는 것을 보시고, 제자들을 불러 모아 말씀하셨어. 그 불쌍한 과부가 그날 돈을 낸 다른 모든 사람보다 더 많이 내었고 진정으로 자비로웠다고 말이야. 왜냐하면 다른 사람들은 부자여서 부유한 중에 냈지만, 그녀는 매우 가난했고, 그 두 렙돈은 자신을 위해 빵을 사야 했던, 가진 돈의 전부였기 때문이야.

우리가 자비롭다고 생각할 때, 그 불쌍한 과부가 한 일을

절대로 잊지 말자.

제8장

죽은 나사로를 살리시다

죽은 나사로를 살리시다

베다니에 사는 나사로라는 어떤 남자가 매우 아프게 되었어. 그는 그리스도께 향유를 붓고 자기의 머리카락으로 그분의 발을 닦았던 그 마리아의 오빠였어. 마리아와 그녀의 자매 마르다는 큰 근심 중에 그분께 사람을 보내며 말했어.

"주님, 주님께서 사랑하시는 나사로가 병들어 죽게 되었습니다."

예수님은 이 소식을 들으신 후 이틀 동안 그들에게 가지 않으셨어. 하지만 그 시간이 지나자, 그분은 제자들에게 말씀하셨어.

"나사로가 죽었다. 베다니로 가자."

그곳은 예루살렘에서 아주 가까운 곳이었어. 그들이 그곳에 도착했을 때, 예수님께서 예언하셨던 대로 나사로가 죽었고, 죽어서 묻힌 지 나흘이나 지났다는 것을 알았어.

마르다는 예수님이 오신다는 소식을 듣고, 불쌍한 오빠의 죽음을 위로하러 온 사람들 중에서 일어나 그분을 만나러 달려갔어. 그녀는 집에서 울고 있던 동생 마리아를 집에 남겨두었지. 마르다가 그분을 보자마자 눈물을 터뜨리며 말했어.

"오 주님, 주님께서 여기 계셨더라면 제 오라버니가 죽지 않았을 것입니다."

우리의 구세주께서 대답하셨어.

"네 오라버니가 다시 살아날 것이다."

마르다가 말했어.

"네, 주님. 저는 그가 마지막 날 부활 때 살아날 것을 믿습니다."

예수님께서 그녀에게 말씀하셨어.

"나는 부활이요 생명이니, 이것을 믿느냐?"

그녀는 대답했어.

"예, 주님!"

그러고는 다시 동생 마리아에게 달려가 예수님께서 오셨다고 말했어. 마리아는 이 말을 듣고 집에서 그녀와 함께 슬퍼하고 있던 모든 사람을 두고 달려 나갔어. 그리고 그분이 계신 곳에 와서 그분 발아래 엎드려 울었고, 나머지 모든 사람도 따라 울었어. 예수님은 그들의 슬픔에 너무나 가슴이 아파, "그를 어디에 두었느냐?"라고 말씀하시면서 같이 우셨단다. 그들이 말했어.

"주님, 와서 보십시오!"

나사로는 무덤에 묻혀 있었고, 큰 돌이 그 위에 놓여 있었어. 그들이 모두 무덤에 왔을 때, 예수님은 돌을 굴려 치우라고 명령하셨어.

그리고 나서 그분은 눈을 들어 하나님께 감사드린 후에, 크고 엄숙한 목소리로 말씀하셨어.

"나사로야, 나오라!"

그러자 죽었던 나사로가 살아나서 사람들 가운데로 나와 그의 누이들과 함께 집으로 갔단다. 이처럼 경외스럽고 감동적인 광경에, 그곳에 있던 많은 사람은 그리스도께서 진정으로 하나님의 아들이시고, 인류를 가르치고 구원하기 위해 오셨다고 믿었어. 하지만 다른 사람들은 바리

새인들에게 가서 이 소식을 전했고, 그날부터 바리새인들은 예수님이 죽어야 더 많은 사람이 그분을 믿지 못하게 될 것이라고 스스로 생각하고 결심했어. 그리고 그들은 그 목적을 위해 성전에서 만나, 당시 다가오고 있던 유월절 축제 전에 그분이 예루살렘에 오시면 그분을 체포해야 한다고 합의했단다.

예수님께서 나사로를 죽음에서 일으키신 것은 유월절 6일 전이었어. 그리고 밤에 모두가 함께 식사하고 있을 때, 나사로도 그들 가운데 있었는데, 마리아가 일어나서 매우 귀하고 값비싼 나드 향유 한 근을 가져다가 예수 그리스도의 발에 붓고, 다시 자기의 머리카락으로 그 발을 씻었단다. 그러자 온 집안이 향유의 향기로 가득 찼어. 제자 중 한 명인 가롯 유다는 이것에 화난 척하며, 그 향유를 삼백 데나리온에 팔아 가난한 사람들에게 줄 수 있었을 것이라고 말했어. 하지만 그는 사실 말만 그렇게 한 것뿐이었어. 왜냐하면 그가 돈주머니를 가지고 있었고, 그때까지 다른 제자들이 모르게 도둑질했으며, 가능한 한 많은 돈을 얻고 싶었기 때문이야. 그는 그때부터 그리스도를 대제사장들의 손에 넘겨줄 음모를 꾸미기 시작했단다.

예수님이 나귀를 타시고 예루살렘에 들어가시다

이제 유월절 축제가 매우 가까워지자, 예수 그리스도께서는 제자들과 함께 예루살렘을 향해 나아가셨어. 그들이 그 도시 가까이 왔을 때, 그분은 한 마을을 가리키며 제자 중 두 명에게 그곳으로 가라고 말씀하셨어. 그러면 나무에 매여 있는 나귀와 그 새끼를 발견할 것인데, 그것들을 그분께 데려오라고 하셨지. 예수님께서 말씀하신 대로 제자들은 어린나귀를 데려왔고, 예수님은 그 어린나귀를 타시고 예루살렘으로 들어가셨어.

그분이 지나가시자 엄청난 수의 사람들이 그분 주위에

모였고, 자기의 옷을 땅에 던지고, 나무에서 푸른 가지를 잘라내어 그분의 길에 깔면서, "호산나 다윗의 자손이여! (다윗은 그곳 이스라엘의 위대한 왕이었어.) 주님의 이름으로 오시는 이여! 이분은 나사렛의 예언자 예수이시다!"라고 소리쳤단다.

성전은 만민이 기도하는 집이다

예수님께서 성전에 들어가셔서, 부당하게 앉아 장사하고 있던 돈 바꾸는 사람들과 비둘기를 파는 사람들의 탁자를 엎으시며,

"내 아버지의 집은 기도하는 집인데, 너희는 그곳을 강도의 소굴로 만들었구나!"라고 말씀하셨어. 사람들과 아이들

이 성전에서 "이분은 나사렛의 예언자 예수이시다!"라고 외쳤고 눈먼 사람들과 다리 저는 사람들이 떼를 지어 그곳에 몰려와 그분의 손으로 치유되는 기적이 일어났어. 그때 대제사장들과 서기관들과 바리새인들의 마음에는 그분에 대한 두려움과 증오로 가득 찼어. 하지만 예수님은 계속해서 병든 자를 고치고 선한 일을 하셨단다. 그리고 그분은 베다니로 가셔서 묵으셨는데, 베다니는 예루살렘 성에서 아주 가까운 곳이었지만 성벽 안에 있지는 않았어.

제9장

최후의 만찬

최후의 만찬

유월절 잔치가 거의 다가왔을 때, 예수님은 제자 중 두 명인 베드로와 요한에게 말씀하셨어.

"예루살렘 성안으로 들어가면 물동이를 들고 가는 남자를 만날 것이다. 그를 따라 그의 집으로 가서 '선생님께서 제자들과 함께 유월절 식사를 하실 객실이 어디입니까?'라고 말하여라. 그러면 그가 가구들이 비치된 큰 다락방을 보여줄 것이니, 거기서 만찬을 준비하여라."

두 제자는 예수님께서 말씀하신 대로 일이 일어나는 것을 보았어. 물동이를 든 남자를 만나 그를 따라 그의 집으로 가서 방을 안내받은 후, 그들은 만찬을 준비했고, 예수님과 다른 열 명의 사도가 정한 시간에 와서 모두 함께 식

사를 했단다.

　이 식사를 우리는 항상 '최후의 만찬'이라고 부르는데, 이것이 우리의 구세주께서 제자들과 함께 먹고 마신 마지막 식사시간이었기 때문이야.

　그분은 식탁에서 빵을 가져다가 축복하시고 떼어서 그들에게 주셨어. 또 포도주잔을 가져다가 축복하시고 마신 후 그들에게 주시며 말씀하셨지.

　"나를 기념하여 이것을 행하라!"

 그곳에서 제자들과 함께 앉아 계시던 예수님은 만찬 자리에서 일어나, 수건과 대야를 들고 제자들의 발을 씻기셨어.

 제자 중 한 명인 시몬 베드로는 그분이 자기의 발을 씻기시는 것을 막으려 했어. 하지만 우리의 구세주께서는 그렇게 하는 이유가, 그들이 그것을 기억하며 항상 서로를 친절하고 온화하게 섬기며 그들 사이에 교만이나 악의가 없도록 하기 위함이라고 말씀하셨단다.

그때 그분은 슬퍼하고 근심하시며, 제자들을 둘러보며 말씀하셨어.

"여기 있는 사람 중 한 명이 나를 배신할 것이다."

그들은 한 사람씩 소리쳤어.

"주님, 저입니까?"

"저입니까?"

하지만 그분은 단지 "열두 명 중 한 명, 나와 함께 접시에 손을 넣는 자이다"라고 대답하셨어. 예수님이 사랑하시던 제자 중 한 명이 마침 그 순간 그분 가슴에 기대어 그분의 말씀을 듣고 있었는데, 시몬 베드로가 그에게 머릿짓을 보이면서 예수님을 팔 사람의 이름을 물어보라고 했어. 예수님께서 대답하셨어.

"내가 빵 조각을 찍어서 주는 자가 그 사람이다."

그리고 그분이 빵 조각을 찍어서 가룟 유다에게 주시며 말씀하셨어.

"네가 할 일을 빨리 하거라."

다른 제자들은 이것을 이해하지 못했지만, 유다는 그리스도께서 자신의 나쁜 생각을 읽으셨다는 것을 알았지.

그래서 유다는 그 빵 조각을 받고 즉시 나갔어. 밤이었는데, 그는 곧장 대제사장에게 가서 말했어.

"제가 그를 당신들에게 넘겨주면 무엇을 주시겠습니까?"

그들은 그에게 은 삼십 개를 주기로 합의했고, 그는 이것 때문에 곧 자기의 주인이자 스승이신 예수 그리스도를 그들의 손에 넘겨주기로 했단다.

그리고 그들은 만찬을 마치고 찬송을 부른 후에, 감람산으로 갔어.

겟세마네 동산에서의 기도

그곳에서 예수님은 그들에게, 그날 밤 자신이 붙잡힐 것이며, 그들이 모두 자신을 혼자 버려두고 도망갈 것이라고 말씀하셨어. 그때 베드로는 자신은 절대로 그러지 않을 것이라고 힘주어 말했지.

우리의 구세주께서 대답하셨어.

"닭이 울기 전에 너는 나를 세 번 부인할 것이다."

하지만 베드로는 대답했어.

"아닙니다, 주님. 제가 주님과 함께 죽을지라도, 결코 주님을 부인하지 않겠습니다."

다른 모든 제자도 똑같이 말했단다.

예수님은 그 후에 기드론이라는 시내를 건너 겟세마네라고 불리는 동산으로 앞서 가셨어. 그리고 제자 중 세 명과 함께 동산의 한적한 곳으로 걸어 들어가셨지.

그런 다음 그분은 다른 제자들을 남겨두셨던 것처럼 그들을 남겨두고, "여기서 기다리며 깨어 있어라!" 하고 말씀하신 후, 혼자 기도하러 가셨어. 그동안 그들은 피곤해서 잠이 들었단다.

그리스도께서는 그 동산에서 혼자 기도하시면서 큰 슬

품과 마음의 괴로움을 겪으셨어. 자신을 죽이려 하는 예루살렘 사람들의 사악함 때문이었지. 그분은 하나님 앞에서 한없는 눈물을 흘리셨고, 깊고도 큰 슬픔과 고통 속에 기도하셨단다.

기도를 마치시고 하나님의 위로를 받으신 후에, 그분은 제자들에게 돌아와 말씀하셨어.

예수님이 배신자들에게 잡히시다

"일어나라! 가자! 나를 배신할 자가 가까이 있다!"

유다는 그 동산을 잘 알고 있었어. 우리의 구세주께서 종종 제자들과 함께 그곳을 거니셨기 때문이야.

예수님께서 이 말씀을 하시는 것과 거의 동시에, 대제사장들과 바리새인들이 보낸 강한 경비병들과 관리들과 함께 유다가 그곳에 나타났단다.

어두웠기 때문에 그들은 등불과 횃불을 들고 있었어. 그들은 또한 칼과 몽둥이로 무장하고 있었는데, 사람들이 일어나 예수 그리스도를 변호할지도 모른다고 생각했기 때문이야. 그래서 그들은 그분께서 사람들을 가르치고 계실 낮에는 감히 그분을 대담하게 붙잡지 못했단다.

 이 경비대장들은 예수 그리스도를 한 번도 본 적이 없었고 사도들과 구별하지 못했기 때문에, 유다가 그들에게 말했었어.

"내가 입 맞추는 자가 그 사람이 될 것이다."

그가 이 사악한 입맞춤을 하려고 나아가자, 예수님은 병사들에게 말씀하셨어.

"누구를 찾느냐?"

그들이 대답했어.

"나사렛 예수요"

우리의 구세주께서 말씀하셨어.

"내가 그이다. 내 제자들은 자유롭게 가도록 하라. 내가

그이다."

유다가 "랍비여, 안녕하십니까!" 하고 말하며 입 맞춤으로써 이것을 확인해 주었어. 그러자 예수님께서 말씀하셨어.

"유다야, 네가 입맞춤으로 나를 배신하는구나!"

경비병들은 그때 달려들어 그분을 붙잡았단다.

아무도 그분을 보호하려 하지 않았어. 오직 베드로만이 칼을 가지고 있었는데, 칼을 빼어 들고 그들 중 한 명인 대제사장의 종의 오른쪽 귀를 잘랐지. 그의 이름은 말고였단다. 하지만 예수님은 그에게 칼을 칼집에 꽂으라고 말씀하시고 자신을 내어주셨어. 그러자 모든 제자가 그분을 버리고 도망쳤단다. 단 한 사람도 그분과 동행하지 않았어.

제10장

예수님이 심문을 받으시다

예수님이 심문을 받으시다

잠시 후, 베드로와 또 다른 제자가 용기를 내어 몰래 경비병들을 따라 대제사장 가야바의 집으로 갔어. 예수님이 그곳으로 끌려가셨고, 서기관들과 다른 사람들이 그분을 심문하기 위해 모여 있었지. 베드로는 문 밖에 서 있었지만, 대제사장과 아는 사이인 다른 제자가 안으로 들어가서 곧 돌아와 문을 지키는 여인에게 베드로도 들어오게 해달라고 부탁했어. 그녀는 베드로를 보며 말했어.

"당신도 제자 중 한 명이 아닙니까?"

베드로가 말했어.

"아닙니다."

그래서 그녀는 그를 들여보냈고, 그는 그곳에 있던 불 앞

에 서서 몸을 녹이고 있었어. 하인들과 관리들이 그 주위에 모여 있었지. 날씨가 매우 추웠기 때문이야.

그 사람들 중 몇몇이 그 여자처럼 똑같은 질문을 하며 말했어.

"당신도 제자 중 한 명이 아닙니까?"

그는 다시 부인하며 말했어.

"아닙니다."

그들 중 한 명은 베드로가 칼로 귀를 잘랐던 사람과 친척이었는데, "내가 동산에서 그와 함께 있는 것을 보지 않았느냐?"라고 말했어. 베드로는 다시 맹세하며 부인했어.

"저는 그 사람을 모릅니다."

즉시 닭이 울었고, 예수님은 몸을 돌려 베드로를 뚫어지게 보셨어. 그러자 베드로는 예수님께서 닭이 울기 전에 자신이 세 번 그분을 부인할 것이라고 말씀하셨던 것을 기억하고 밖으로 나가 비통하게 울었단다.

예수님께 던져진 다른 질문들 중에서, 대제사장은 그분께서 사람들에게 무엇을 가르치셨는지 물었어. 이런 질문에 그분은 자신은 대낮에, 그리고 공개된 거리에서 그들을 가르쳤고, 그것은 제사장들이 직접 사람들에게 물어봐야 한다고 대답하셨어. 이 대답 때문에 관리 중 한 명이 예수님을 손으로 때렸어. 그리고 두 명의 거짓 증인이 들어와서, 예수님이 하나님의 성전을 사흘 안에 허물고 다시 지을 수 있다고 말씀하는 것을 들었다고 말했지. 예수님은 거의 대답하지 않으셨어. 하지만 서기관들과 제사장들은 그분이 신성모독죄를 지었으니 죽여야 한다고 합의했고, 그들은 그분에게 침을 뱉고 때렸단다.

가룟 유다는 자기 주인인 예수님이 정말로 죄인처럼 잡혀가 고난 당하시는 것을 보자, 자신이 한 일에 대한 후회와 공포로 가득 차서, 그 은 삼십 개를 대제사장들에게 돌려주며 말했어.

"제가 무죄한 사람을 배신했습니다! 저는 이것을 가질 수

없습니다!"

그 말과 함께, 그는 돈을 바닥에 던지고 절망에 미쳐 달려나가 목을 맸어. 밧줄이 약해서 그의 몸무게를 이기지 못하고 끊어졌고, 죽은 후에 몸은 멍들고 터진 채 땅에 떨어졌는데, 보기에도 끔찍한 광경이었지. 대제사장들은 그 은 삼십 개로 무엇을 해야 할지 몰라, 그것으로 이방인을 묻는 매장지로 쓰기 위해 토기장이의 밭을 샀단다. 하지만 사람들은 그 후로 그곳을 피밭이라고 불렀어.

예수님은 대제사장의 집에서 총독 본디오 빌라도가 재판을 위해 앉아 있던 법정으로 끌려가셨어. 유대인이 아니었던 빌라도가 그분에게 말했어.

"당신의 민족인 유대인들과 당신의 제사장들이 당신을 나에게 넘겨주었소. 당신은 무슨 잘못을 했소?"

그분께서 아무런 해도 끼치지 않으셨다는 것을 알게 된 빌라도는 밖으로 나가 유대인들에게 그렇게 말했어. 하지만 그들은 "그는 오래전 갈릴리에서부터 사람들에게 거짓되고 잘못된 것을 가르쳐왔습니다"라고 말했어. 헤롯이 갈릴리에서 율법을 어긴 사람들을 처벌할 권리가 있었기 때문에, 빌라도는 "나는 이 사람에게서 아무런 잘못도 찾지 못했다. 그를 헤롯에게 데려가라!"라고 말했어.

그들은 헤롯이 엄격한 병사들과 갑옷을 입은 사람들에게 둘러싸여 앉아 있는 곳으로 그분을 데려갔어. 그리고 이들은 예수님을 비웃고, 모독하듯이 화려한 옷을 입히고, 그분을 빌라도에게 다시 보냈어. 그리고 빌라도는 제사장들과 백성을 다시 모아 놓고 말했어.

"나는 이 사람에게서 아무 잘못도 찾지 못했고, 헤롯도 마찬가지다. 그는 아무런 죽을죄를 짓지 않았다."

하지만 그들은 소리쳤어.

"그는 죽어야 합니다. 죽어야 합니다! 그를 죽이시오!"

빌라도는 예수 그리스도에 대한 그들의 그렇게 시끄러운 소리를 듣고 마음이 괴로워했어. 그의 아내도 밤새 그 일에 대해 꿈을 꾸고는 재판석에 있는 남편에게 사람을 보내 "저 의로운 사람과 상관하지 마십시오!"라고 말했어.

유월절 잔치에는 죄수 한 명을 풀어주는 관습이 있었기 때문에, 빌라도는 사람들에게 예수님을 놓아달라고 요청

하도록 설득하려고 애썼어. 하지만 그들은 매우 무지하고 격정적이었으며, 제사장들에게 몰래 지시받았기 때문에 "안 됩니다, 안 됩니다. 그를 풀어주지 마십시오. 바라바를 풀어주고 이 사람을 십자가에 못 박으시오!"라고 말했어. 바라바는 자신의 죄로 감옥에 갇혀 죽을 위험에 처한 사악한 범죄자였단다.

빌라도는 사람들이 예수님에 대해 너무나 단호한 것을 보고, 그분을 병사들에게 넘겨주어 채찍질하게 했어. 그들은 가시관을 엮어 그분의 머리에 씌우고, 자주색 옷을 입히고, 그분에게 침을 뱉고, 손으로 때리며 "유대인의 왕 만세!"라고 말했어. 그들이 예수님께서 예루살렘에 들어가실 때 군중이 그분을 다윗의 아들이라고 불렀던 것을 기억했기 때문이야. 그리고 그들은 그분을 많은 잔인한 방식으로 학대했지만, 예수님은 그 모든 고난을 인내심 있게 견디셨고, 단지 "아버지! 저들을 용서하여 주옵소서! 저들은 자기들이 무엇을 하는지 알지 못합니다!"라고 말씀하셨단다.

다시 한번, 빌라도는 그분을 자주색 옷과 가시관을 입힌 채 사람들 앞에 데려와 말했어.

"보라, 이 사람을!"

그들은 야만적으로 소리쳤어.

"십자가에 못 박으시오! 십자가에 못 박으시오!"

대제사장들과 관리들도 마찬가지였어. 빌라도가 말했어.

"그를 데려다가 너희가 직접 십자가에 못 박으라. 나는 그에게서 아무 잘못도 찾지 못했다."

하지만 그들은 소리쳤어.

"그는 자신을 하나님의 아들이라고 불렀고, 그것은 유대 율법에 따르면 죽음이오! 그리고 그는 자신을 유대인의 왕이라고 불렀고, 그것은 로마 율법에 어긋나오. 우리에게는 로마 황제인 카이사르 외에는 다른 왕이 없소. 당신이 그를 놓아주면, 당신은 카이사르의 신하가 아니오. 십자가에 못 박으시오! 십자가에 못 박으시오!"

빌라도는 아무리 애써도 그들을 이길 수 없다는 것을 보고, 물을 가져오라고 하여 군중 앞에서 손을 씻으며 말했어.

"나는 이 의로운 사람의 피에 대해 무죄하다."

그런 다음 그는 그분을 그들에게 넘겨주어 십자가에 못 박게 했어. 그리고 그들은 소리 지르고 그분 주위에 모여들었고, 여전히 그들을 위해 하나님께 기도하고 계신 그분을 잔인하게 모욕하며 끌고 갔단다.

제11장

●

예수님이 십자가에서 죽으시다

예수님이 십자가에서 죽으시다

사람들이 "그를 십자가에 못 박으시오!"라고 말했을 때 그것이 무엇을 의미했는지 너희가 알 수 있도록, 난 그 시대가 정말로 잔인한 시대였다는 것을 말해야 해. (그 시대가 지나간 것에 대해 하나님과 예수 그리스도께 감사하자!) 그때는 사형선고를 받은 사람들을 큰 나무 십자가에 산 채로 못 박고, 그 십자가를 땅에 똑바로 세운 다음, 고통과 갈증으로 죽을 때까지 햇볕과 바람에 노출시킨 채 낮밤으로 내버려두는 것이 관습이었어. 그리고 그들의 수치와 고통을 더 크게 하려고, 그들이 나중에 손이 못 박힐 십자가를 직접 짊어지고 처형 장소까지 걸어가게 하는 것도 관습이었지.

가장 흔하고 사악한 범죄자처럼 자신의 십자가를 어깨

에 짊어지고, 조롱하는 군중에 둘러싸인 우리의 구세주 예수 그리스도께서 예루살렘 밖으로 히브리어로 골고다 즉 '해골의 장소'라고 불리는 곳으로 가셨어. 그리고 갈보리 산

이라고 불리는 언덕에 이르자, 그들은 그분의 손과 발에 잔인한 못을 박고, 다른 두 강도의 십자가 사이에 그분을 세웠어. 다른 두 십자가에는 각각 한 명의 강도는 고통 속에서 못 박혀 있었단다.

그분의 머리 위에는 히브리어, 그리스어, 라틴어 세 가지 언어로 "나사렛 예수, 유대인의 왕"이라는 글이 붙어 있었어.

한편, 땅에 앉아 있던 네 명의 병사 경비대는 그분에게서 벗긴 옷을 네 개의 조각으로 나누어 가졌고, 그분의 속옷을 놓고 제비를 뽑았어. 그리고 그분께서 고통받으시는 동안 그들은 거기 앉아 도박하고 이야기를 나누었지. 그들은 그분에게 쓸개즙을 섞은 신 포도주를 마시라고 주었지만, 그분은 아무것도 받지 않으셨어. 또 그 길을 지나가던 사악한 사람들은 그분을 조롱하며 말했어.

"네가 하나님의 아들이라면, 십자가에서 내려오너라."

대제사장들도 그분을 조롱하며 말했어.

"그는 죄인들을 구원했지만, 자기 자신은 구원하지 못하는가!"

강도 중 한 명도 고통 속에서 그분을 욕하며 말했어.

"네가 그리스도라면, 너 자신과 우리를 구원하라."

하지만 다른 강도는 회개하며 말했지.

"주님! 주님께서 주님의 나라에 들어가실 때 저를 기억해 주십시오!"

그러자 예수님께서 대답하셨어.

"오늘 네가 나와 함께 낙원에 있을 것이다."

그분을 끝까지 따랐던 사람은 제자 한 명과 네 명의 여인들뿐이었어. 하나님께서 그 여인들의 진실하고 온화한 마음에 복을 주셨단다! 그들은 예수님의 어머니, 그분의 이모, 글로바의 아내 마리아, 그리고 두 번이나 자기의 머리카락으로 그분의 발을 닦았던 막달라 마리아였어. 그 제자는 예수님이 사랑하시던 요한이었는데, 그분 가슴에 기대어 누가 배신자인지 물었던 사람이었지. 예수님은 그들이 십자가 발치에 서 있는 것을 보시고, 어머니에게 자신이 죽은 후에 요한이 어머니의 아들이 되어 어머니를 위로할 것이라고 말씀하셨어. 그 시간부터 요한은 어머니에게 아들처럼 되었고, 어머니를 사랑으로 모셨단다.

대략 여섯 시쯤에, 깊고 무시무시한 어둠이 온 땅을 뒤덮었고, 아홉 시까지 계속되었어. 그때 예수님께서 큰 소리로 외치셨어.

"나의 하나님, 나의 하나님, 어찌하여 나를 버리셨나이까!"

　그분의 음성을 들은 병사들은 거기에 있던 신 포도주에 스펀지를 담가 우슬초 줄기에 매달아 그분 입에 대주었어. 그것을 받으신 후에 그분은 "다 이루었다!"라고 말씀하셨어.

　그리고 "아버지! 내 영혼을 아버지 손에 맡깁니다!"라고 외치시고 돌아가셨어.

　그때 무시무시한 지진이 일어났고, 성전의 큰 휘장이 갈라졌으며, 바위들이 쪼개졌어. 이 광경에 놀란 경비병들은 서로에게 말했다.

"이분은 분명 하나님의 아들이셨다!"

그리고 멀리서 십자가를 지켜보던 사람들(그들 중에는 많은 여인들도 있었어)은 가슴을 치며 두려워하고 슬퍼하며 집으로 돌아갔어.

다음 날은 안식일이었기 때문에, 유대인들은 시신들을 즉시 내려놓기를 원했고, 빌라도에게 그렇게 요청했어. 그래서 몇몇 병사가 와서 두 죄수를 죽이기 위해 다리를 부러뜨렸어. 하지만 예수님께로 와서 그분이 이미 돌아가셨다는 것을 발견하자, 그들은 단지 창으로 그분의 옆구리를 찔렀어. 그 상처에서 피와 물이 나왔단다.

예수님이 무덤에 묻히시다

아리마대 요셉이라는 착한 사람이 있었는데, 그는 유대 도시의 사람이었고 그리스도를 믿었어. 그는 유대인들을 두려워하여 은밀히 빌라도에게 가서 그 시신을 가져가게 해달라고 간청했어. 빌라도가 허락하자, 요셉과 니고데모는 시신을 모시고 와서 향유를 뿌리고 부드러운 세마포로 감쌌어. 그것은 유대인들이 시신을 매장하기 위해 준비하는 방식이었단다.

그러고는 새 무덤의 묘실에 그분을 묻었는데, 그 묘실은 십자가 처형 장소 근처 정원의 바위를 깎아 만든 것으로, 아무도 그곳에 묻힌 적이 없는 새 무덤이었어.

그런 다음 그들은 큰 돌을 묘실 입구에 굴려놓고, 막달라 마리아와 다른 마리아는 그곳에 남아서 지켜보았단다.

예수님이 부활하시다

대제사장들과 바리새인들은 예수 그리스도께서 제자들에게 자신이 죽은 지 사흘 후에 무덤에서 다시 살아날 것이라고 말씀하셨던 것을 기억하고, 빌라도에게 가서 그날까지 예수의 무덤을 잘 지켜달라고 간청했어.

제자들이 시신을 훔쳐 간 후에 그리스도께서 죽은 자 가운데서 살아났다고 사람들에게 말할까 봐서였지. 빌라도가 이에 동의하자, 병사 경비대가 계속해서 그곳을 지켰고, 돌도 봉인되었어. 그렇게 그곳은 감시되고 봉인된 채로 일주일의 첫날(일요일)인 사흘째 되는 날까지 있었단다.

그날 아침 동이 트기 시작했을 때, 막달라 마리아가 준비한 향료를 가지고 무덤으로 마리아와 다른 마리아, 그리고 다른 몇몇 여인이 왔어.

 그들이 서로에게 "돌을 어떻게 굴려 치울까?"라고 말하고 있을 때, 땅이 흔들리고 떨렸으며, 천사가 하늘에서 내려와 돌을 굴려 치운 다음 그 위에 앉아 쉬었어. 그의 모습은 번개 같았고, 그의 옷은 눈처럼 희었어. 그를 보자마자 경비병들은 죽은 것처럼 두려움에 기절했단다.

 막달라 마리아는 돌이 굴려져 치워진 것을 보았고, 더 이상 기다리지 않고 그곳으로 오고 있던 베드로와 요한에게 달려가서 말했어.

 "그들이 주님을 데려갔는데, 그분을 어디에 두었는지 모르겠어요!"

 그들은 즉시 무덤으로 달려갔지만, 요한이 둘 중 더 빨라서 다른 제자를 앞질러 먼저 도착했어. 그는 몸을 굽혀 안을 들여다보았고, 시신을 감쌌던 세마포가 거기에 놓여 있는 것을 보았지만, 안으로 들어가지는 않았어.

베드로가 왔을 때, 그는 안으로 들어가서 세마포가 한곳에 놓여 있고, 머리를 감쌌던 수건이 다른 곳에 있는 것을 보았어.

요한도 그때 안으로 들어가서 같은 것들을 보았지. 그런 다음 그들은 집으로 가서 나머지 제자들에게 알렸어.

하지만 막달라 마리아는 묘실 밖에 남아 울고 있었어. 잠시 후, 그녀는 몸을 굽혀 안을 들여다보았고, 흰옷을 입은 두 천사가 그리스도의 시신이 놓여 있던 곳에 앉아 있는 것을 보았어. 그들은 그녀에게 "여인아, 왜 우느냐?"라고 말했어. 그녀는 대답했어.

"그들이 제 주님을 데려갔고, 그분을 어디에 두었는지 제가 알지 못하기 때문입니다."

그녀가 이 대답을 하면서 몸을 돌렸을 때, 그녀는 예수님께서 뒤에 서 계시는 것을 보았지만, 그때는 그분을 알아보지 못했어.

그분이 말씀하셨어.

"여인아, 왜 우느냐? 무엇을 찾느냐?"

그녀는 그분을 동산지기라고 생각하고 대답했어.

"선생님! 혹시 제 주님을 이곳에서 옮기셨다면, 그분을 어디에 두셨는지 제게 말씀해 주십시오. 그러면 제가 그분을 데려가겠습니다."

예수님께서 그녀의 이름을 부르셨어.

"마리아야."

그러자 그녀는 그분을 알아보았고, 놀라서 외쳤어.

"선생님!"

그리스도께서 말씀하셨어.

"나를 만지지 마라. 내가 아직 내 아버지께 올라가지 않았다. 하지만 내 제자들에게 가서 말하여라. 내가 내 아버지, 곧 너희 아버지께, 그리고 내 하나님, 곧 너희 하나님께 올라간다!"

그래서 막달라 마리아는 가서 제자들에게 자신이 그리스도를 보았고, 그분께서 자신에게 무엇을 말씀하셨는지 전했어. 그리고 그들과 함께 그녀가 베드로와 요한 두 제자를 부르러 갔을 때 묘실에 남아 있었던 다른 여인들도 만났지.

이 여인들은 그녀와 나머지 제자들에게 무덤에서 빛나는 옷을 입은 두 남자를 보았다고 말했는데, 그들을 보자마자 두려워서 몸을 굽혔지만, 그들은 주님께서 살아나셨다고 말했다는 거야. 그리고 또한 이것을 알리러 올 때, 길에서 그리스도를 보았고, 그분의 발을 붙잡고 그분께 경배했다고 말했어. 하지만 그때까지 사도들에게는 이 이야기들이 한가한 이야기처럼 들렸고, 그들은 믿지 않았단다.

경비병들도 기절에서 깨어나 대제사장들에게 자신들이 본 것을 말하러 갔는데, 그때 대제사장들은 많은 돈을 경비병들에게 주면서 예수님의 부활을 말하지 못하게 했고, 자신들이 자는 동안 제자들이 시신을 훔쳐 갔다고 말하라고 지시받았단다.

하지만 바로 그날, 시몬(열두사도 중 한 명)과 글로바(그리스도를 따르는 자 중 한 명)가 예루살렘에서 조금 떨어진 엠마오라고 불리는 마을로 걸어가고 있었어.

그들은 길을 가면서 그리스도의 죽음과 부활에 관해 이야기하고 있었는데, 그때 한 낯선 사람이 그들에게 다가와 성경을 설명해주고 하나님에 대해 많은 것을 이야기해 주었어. 그들은 그분의 지식에 놀랐지. 그들이 마을에 도착했을 때 밤이 빨리 다가오고 있었으므로, 그들은 이 낯선 사람에게 그들과 함께 머물러 달라고 요청했고, 그분은 동의하셨어.

세 사람이 모두 저녁 식사를 하려고 앉았을 때, 그분은 빵을 가져다가 축복하시고, 그리스도께서 최후의 만찬에서 하셨던 것처럼 그것을 떼어주셨어. 두 사람이 놀라며 그분을 바라보자, 그들의 눈앞에서 그분의 얼굴이 변했고, 그분이 바로 그리스도이심을 알게 되었지. 그리고 그들이 그분을 다시 바라보는 동안, 그분은 사라지셨단다.

  그들은 즉시 일어나 예루살렘으로 돌아갔고, 제자들이 함께 앉아 있는 곳에 가 자신들이 본 것을 그들에게 말했어.

  그들이 말하는 동안, 예수님께서 갑자기 모든 무리 가운데 서셔서 "너희에게 평강이 있을지어다!"라고 말씀하셨어. 그들이 크게 놀라는 것을 보시고, 그분은 그들에게 손과 발을 보여주시고 만져보라고 말씀하셨어. 그리고 예수님은 놀라고 두려워하는 제자들을 격려하고 안심시키기 위해 그들 모두 앞에서 구운 생선 한 조각과 빵 한 조각을 드셨단다.

  하지만 열두사도 중 한 명인 도마는 그때 그곳에 없었어. 그리고 나중에 나머지 제자들이 그에게 "우리가 주님을 보

았다!"라고 말했을 때, 그는 대답했어.

"내가 그분의 손에서 못 자국을 보고, 내 손을 그분의 옆구리에 넣어보지 않고는 믿지 않겠어!"

바로 그 순간, 문들이 모두 닫혀 있었음에도, 예수님께서 다시 나타나 그들 가운데 서서서 "너희에게 평강이 있을지어다!"라고 말씀하셨어. 그런 다음 그분은 도마에게 말씀하셨어.

"네 손가락을 이리 내밀어 내 손을 보고, 네 손을 내밀어 내 옆구리에 넣어보라. 그리고 믿음 없는 자가 되지 말고 믿는 자가 되라."

그러자 도마가 대답하여 그분에게 말했다.

"나의 주님이시오, 나의 하나님이십니다!"

그러자 예수님께서 말씀하셨어.

"도마야, 네가 나를 보았기 때문에 믿는구나! 나를 보지 않고도 믿는 자들은 복되다."

그 후, 예수 그리스도께서는 오백 명의 제자에게 한 번에 보이셨고, 그분은 다른 제자들과 함께 사십 일 동안 머무시면서 가르치고, 세상으로 나가 그분의 복음과 말씀을 전하라고 지시하셨어. 예수님은 사악한 사람들이 그들에게 무엇을 할지는 신경 쓰지 말라고 하셨지.

예수님이 하늘로 올라가시다

그리고 마침내 제자들을 예루살렘 밖으로 베다니까지 인도하신 후에, 그분은 그들을 축복하시고 구름을 타고 하늘로 올라가셨으며 하나님의 오른편 자리에 앉으셨단다. 그들이 그분께서 올라가신 밝고 푸른 하늘을 바라보고 있는 동안, 흰옷을 입은 두 천사가 그들 가운데 나타나서, 그들이 그리스도께서 하늘로 올라가시는 것을 본 그대로 언젠가 그분께서 세상에 심판하러 내려오실 것이라고 말했어.

그리스도께서 더 이상 보이지 않게 되자, 사도들은 그분께서 명령하신 대로 사람들을 가르치기 시작했어. 그리고 사악한 유다를 대신할 맛디아라는 새 사도를 선택한 후에, 그들은 모든 나라를 돌아다니며 사람들에게 그리스도의 삶과 죽음, 그리고 그분의 십자가 처형과 부활, 그리고 그분이 가르치신 교훈을 전하고, 그리스도의 이름으로 그들에게 세례를 주었어.

그리고 그분께서 주신 능력으로 그분께서 하셨던 것처럼 병든 자를 고치고, 눈먼 자를 보게 하고, 말 못 하는 자에게

말하게 하며, 귀먹은 자에게 듣게 했어.

그리고 베드로는 감옥에 갇혔을 때, 한밤중에 천사가 나타나 그곳에서 풀려났단다.

그리고 한 번은, 베드로 앞에서 아나니아라는 남자와 그의 아내 삽비라가 하나님께 약속한 말을 지키지 않고 거짓말을 했다가 들통이 나서 땅에 쓰러져 죽었어.

그들이 가는 곳마다 그들은 박해받고 잔인하게 대우받았어.

박해자 바울을 회심시키신 예수님

그리고 바울이라는 한 남자는 스데반이라는 한 그리스도인이 박해자들이 던지는 돌에 맞아 죽게 되었을 때 야만적이고 폭력적인 그들의 옷을 맡아서 들고 있었던 사람이고, 항상 그리스도인들에게 해를 끼치는 데 적극적이었지. 하지만 나중에 예수님께서 바울의 마음을 돌리셨어.

그가 다마스커스에 있는 그리스도인들을 찾아내어 감옥으로 끌고 가려고 달려가고 있는데, 하늘에서 큰 빛이 그를 둘러싸며 비추었고, 한 목소리가 "사울아, 사울아, 네가 왜 나를 박해하느냐!"라고 외쳤어. 그리고 그는 그와 함께 말을 타고 가던 모든 경비병과 병사들이 보는 앞에서 보이지 않는 손에 의해 말에서 떨어졌단다. 그들이 그를 일으켰을 때, 그가 눈이 멀었음을 발견했어. 그래서 그는 사흘 동안

먹지도 마시지도 못했는데, 그때 천사가 그에게 보낸 그리스도인 한 명이 예수 그리스도의 이름으로 그의 시력을 회복시켜 주었어. 그 후에 그는 그리스도인이 되었고, 사도들과 함께 선교하고 가르치고 믿었으며, 큰 헌신을 했단다.

그들은 우리의 구세주 그리스도로부터 그리스도인이라는 이름을 얻었고, 십자가를 그들의 표징으로 삼았어. 구주 예수님께서 십자가에서 돌아가셨기 때문이야.

그 당시 세상에 있던 다른 종교들은 거짓되고 잔인했으며, 사람들에게 폭력을 조장했단다. 교회에서 짐승과 심지어 사람들도 제물로 죽임을 당했는데, 그들의 피 냄새가 신들에게 즐거움을 준다고 믿었기 때문이야. 그리고 매우 잔인하고 역겨운 많은 의식들을 행했지.

그러나 기독교가 진실하고 친절하며 선한 종교였음에도 옛 종교의 제사장들은 오랫동안 그리스도인들에게 가능한 모든 박해를 하도록 다른 사람들을 선동했어.

그래서 여러 해 동안 대중의 구경거리를 위해 그리스도인들은 교수형에 처해지고, 참수당하고, 불태워지고, 산 채로 매장되고, 극장에서 맹수에게 잡아먹히기도 했단다. 하지만 그 어떤 것도 그리스도인들을 침묵시키거나 두렵게 할 수 없었어.

왜냐하면 그들은 하나님 아버지와 그의 아들이신 예수님을 사랑하고 자신들의 의무를 다하면 하늘나라에 갈 것이라는 것을 알고 믿었기 때문이야.

그래서 수많은 그리스도인이 일어나 사람들에게 전도했고 잔인하게 죽임을 당하면서도, 다른 그리스도인들이 그 뒤를 이어가서 점차 이 세상에서 가장 위대한 종교가 되었단다.

그리스도인의 본분

기억해!

기독교는 "선한 일을 하는 것"이야. 비록 우리에게 악을 행하는 자들이 있다 해도 항상 그렇게 하는 것이지.

기독교는 예수님이 하신 것처럼 "이웃을 자신처럼 사랑하는 것"이며, "모든 사람에게 우리가 그들이 우리에게 해주기를 바라는 대로 행하는 것"이야.

기독교는 예수님처럼 "온유하고, 자비롭고, 용서하는 것"이며, 그러한 자질들을 우리 마음에 조용히 간직하고, 결코 그런 자질이나 우리의 기도, 우리의 하나님에 대한 사랑을 자랑하지 않는 것이야. 오히려 "모든 일에서 겸손하게 올바른 일을 하려고 노력함으로써 우리가 그분을 사랑한다는 것을 항상 보여주는 것"이야.

우리가 이것을 행하고, 우리의 주 예수 그리스도의 삶과 교훈을 기억하며, 그것에 따라 행동하려고 노력한다면, 하나님께서 우리의 죄와 실수를 용서하시고, 우리가 평화롭게 살고 죽을 수 있도록 해 주실 것이라고 확신할 수 있어.

우리의 주 예수 그리스도께서 제자들과 우리에게 가르치신 것, 그리고 우리가 매일 우리 삶에서 기억해야 할 것은, 마음을 다하고, 뜻을 다하고, 목숨을 다하고, 힘을 다하여 우리 주 하나님을 사랑하고, 이웃을 자신처럼 사랑하고, 다른 사람들에게 우리가 그들이 우리에게 해주기를 바라는 대로 행하고, 모든 사람에게 자비롭고 온화하게 대하는 것이야.

우리의 주 예수 그리스도께서 말씀하셨듯이, 이보다 더 큰 다른 계명은 없어.

잠자리에 들기 전에 드리는 기도

하나님, 모든 것을 만드셨고, 만드신 만물에 친절하시고 자비로우시며, 선을 행하시고 찬양 받기에 합당하신 하나님을 찬양합니다.

저의 사랑하는 아빠와 엄마, 형제자매들과 모든 친척과 친구들을 축복해주세요.

저를 착한 아이가 되게 하시고, 제가 결코 나쁜 장난을 치거나 거짓말을 하지 않게 해주세요. 거짓말은 비열하고 부끄러운 일이에요.

저의 보모들과 도우미들에게, 그리고 모든 가난한 사람들에게 친절하게 대하게 하시고, 제가 결코 어떤 말 못하는 동물에게도 잔인하게 굴지 않게 해주세요. 왜냐하면 제가 어떤 것에게라도, 심지어 가난한 작은 파리에게라도 잔인하게 군다면, 선하신 하나님께서는 저를 결코 사랑하지 않으실 것이기 때문이에요.

그리고 하나님께서 이 밤에, 그리고 영원히 우리 모두를 축복하시고 보존하여 주시도록, 우리 주 예수 그리스도의 이름으로 기도합니다. 아멘.

구원자요 주님이신 예수님과의 만남

지금까지 우리는 찰스 디킨스의 글을 통해 예수 그리스도의 삶과 그분의 놀라운 사랑의 가르침을 함께 살펴보았다. 예수님은 이 세상에 오셔서 우리에게 진정한 사랑과 용서, 그리고 영원한 생명의 길을 보여주셨다. 그분은 우리 각자를 깊이 사랑하시며, 우리 마음의 문을 두드리고 계신다.

만약 당신의 마음에 예수님을 모시고 싶고, 그분을 당신의 구원자와 삶의 주인으로 영접하고 싶다면, 다음의 기도를 마음으로 따라 하기를 바란다. 이 기도는 당신의 진실한 마음을 하나님께 고백하는 것이다.

영접 기도

사랑하는 하나님 아버지,
저의 마음을 열어 주님께 나아갑니다.
저는 제가 죄인임을 인정합니다.
저의 잘못과 실수들을 용서해 주십시오.

하나님께서 저를 너무나 사랑하셔서
독생자 예수님을 이 땅에 보내주시고,
저의 죄를 대신하여 십자가에서 죽으시고
사흘 만에 부활하셔서
저에게 새 생명을 주셨음을 믿습니다.

이제 저는 예수님을 저의 구원자와 주님으로
마음에 영접합니다.
제 삶의 모든 영역을 주님께 맡겨드립니다.
주님께서 저의 삶을 인도해 주시고,
주님의 뜻대로 살아가게 도와주십시오.

저를 주님의 자녀로 삼아주시고,

영원한 생명을 선물로 주셔서 감사합니다.

예수님의 이름으로 기도합니다. 아멘.

 이 기도를 진심으로 드리셨다면, 이제 당신은 하나님의 자녀의 삶을 살게 된다. 예수님은 언제나 당신과 함께하실 것이며, 당신의 삶을 사랑과 평화로 이끌어 주실 것이다. 이 책을 통해 예수님을 더 깊이 알아가고, 앞으로 성경 말씀을 통해 그분의 뜻을 더 많이 깨달아가는 복된 여정이 되기를 축복한다

예수님은 누구신가? -성구-

눅 2:11 오늘 구주이신 주 그리스도가 다윗의 동네에서 태어나셨다.

요 1:29 요한은 예수께서 자기에게 다가오시는 것을 보고 말했습니다. 보시오. 세상 죄를 지고 가시는 하나님의 어린 양이십니다.

요 4:14 내가 주는 물을 마시는 사람은 영원히 목마르지 않을 것이다. 내가 주는 물은 그 사람 안에서 계속 솟아올라 영생에 이르는 샘물이 될 것이다.

요 3:16 하나님께서 세상을 이처럼 사랑하셔서 독생자를 주셨으니 이는 그를 믿는 사람마다 멸망하지 않고 영생을 얻게 하려는 것이다.

요 6:35 내가 바로 생명의 빵이다. 내게 오는 사람은 결코 배고프지 않고 나를 믿는 사람은 결코 목마르지 않을 것이다.

요 6:38 내가 하늘에서 내려 온 것은 내 뜻이 아니라 나를 보내신 하나님의 뜻을 이루려는 것이기 때문이다.

요 6:55 내 살이야 말로 참된 양식이요 내 피야 말로 참된 음료다,

요 8:12 나는 세상의 빛이다. 누구든지 나를 따르는 사람은 어둠 속에 다니지 않고 생명의 빛을 얻을 것이다.

요 10:11 나는 선한 목자다. 선한 목자는 양들을 위하여 자기 생명을 내 놓는다.

요 10:30 나와 하나님은 하나다.

요 11:25-26 나는 부활이요 생명이니 나를 믿는 사람은 죽어도 살겠고 살아서 나를 믿는 사람은 영원히 죽지 않을 것이다.

요 14:6 나는 길이요 진리요 생명이니 나를 통하지 않고서는 아버지께로 올 사람이 없다.

요 14:14-15 너희는 내 이름으로 무엇이든지 구하라. 그리하면 내가 다 이루어 주겠다. 너희가 나를 사랑한다면 내 계명을 지킬 것이다.

요 15:5 나는 포도나무요 너희는 가지다. 그가 내 안에 있고 내가 그 안에 있으면 그 사람은 많은 열매를 맺는다. 나를 떠나서는 너희가 아무것도 할 수 없다.

마 16:16 시몬 베드로가 대답했습니다. 주는 그리스도시며 살아계신 하나님의 아들이십니다

마 17:22-23 인자가 사람들의 손에 넘겨질 것이다. 그리고 그들이 인자를 죽일 것이다. 그러나 인자는 삼일 만에 살아날 것이다.

사 53:5 우리의 허물이 그를 찔렀고 우리의 악함이 그를 짓뭉갰다. 그가 책망을 받아서 우리가 평화를 누리고 그가 매를 맞아서 우리의 병이 나은 것이다.

마 8:17 그는 몸소 우리의 연약함을 담당하셨고 우리의 질병을 짊어지셨다.

벧전 2:24 그분이 친히 나무에 달려 자기 몸으로 우리의 죄를 짊어지셨으니 이는 우리가 죄에 대하여 죽고 의에 대해 살게 하시려는 것입니다. 그분이 채찍에 맞으므로 여러분이 나음을 얻었습니다.

계 22:12 보라. 내가 속히 갈 것이다. 내가 줄 상급이 내게 있으니 각 사람에게 그 행한 대로 갚아 줄 것이다.

예수님의 생애(The Life of Our Lord)

펴낸날	1판 1쇄 2025년 8월 20일
지은이	찰스 디킨스
옮긴이	임은묵
일러스트	진지영
펴낸이	이환호
편집인	민경훈
펴낸곳	도서출판 예찬사
등 록	1979. 1. 16 제 2018-000103
주 소	경기도 고양시 덕양구 중앙로 557번길 8-9 엠앤지프라자 407-2호
전 화	02-798-0147
팩시밀리	031-979-0145
블러그	blog.naver.com/yechansa
전자우편	octo0691@naver.com
ISBN	978-89-7439-530-8 03230

* 저자와 협약하여 인지를 생략합니다.
좋은 책은 좋은 사람을 만듭니다.
예찬사는 기독교 출판 실천윤리강령을 준수합니다.